智元微库
OPEN MIND

成 长 也 是 一 种 美 好

科学脱单指南

如何让你爱的人爱上你

陈思逸　高巧雨　著

人民邮电出版社

北京

图书在版编目（CIP）数据

科学脱单指南：如何让你爱的人爱上你 / 陈思逸，
高巧雨著. -- 北京：人民邮电出版社，2025. -- ISBN
978-7-115-66155-5

Ⅰ．C913.1-49

中国国家版本馆 CIP 数据核字第 2025WK3787 号

◆　　　著　陈思逸　高巧雨
　　责任编辑　杨汝娜
　　责任印制　周昇亮
◆人民邮电出版社出版发行　　　北京市丰台区成寿寺路 11 号
　邮编 100164　电子邮件 315@ptpress.com.cn
　网址 https://www.ptpress.com.cn
　天津千鹤文化传播有限公司印刷
◆ 开本：880×1230　1/32
　印张：9　　　　　　　　　　2025 年 2 月第 1 版
　字数：200 千字　　　　　　　2025 年 2 月天津第 1 次印刷

定　价：59.80 元
读者服务热线：（010）67630125　印装质量热线：（010）81055316
反盗版热线：（010）81055315

前　言

做亲密关系社群这么多年来，在脱单或者择偶问题上，我[①] 最常听到的几个困惑是：

- ◆ 为什么我总是运气不好，遇到玩弄感情的人？
- ◆ 主动追求一个人会追到毫无尊严吗？
- ◆ 为什么追我的人我都不喜欢，我喜欢的人却不喜欢我？
- ◆ 为什么对方追我的时候热情满满，我们在一起之后他就断崖式地对我冷淡？
- ◆ 身边的圈子里没有让我心动的人怎么办？
- ◆ 大龄脱单是不是很难？

在你遇到以上这些问题的时候，别人总会告诉你："别急，缘分未到。"

---

① 本书中分享个人经历及观点的第一人称"我"指陈思逸老师。——编者注

听起来很无力，脱单好像全凭运气。然而事实上，找到对的人，不只靠运气，更需要能力。

在心理学中，择偶这件事情在一定程度上和数学方程式一样，是有规律可循的，是一步一步可解的。我们完全可以通过学习，通过了解人和人之间关系的规律，去主动探寻属于自己的缘分。

希望通过阅读本书，你不会再把爱的权力交给运气，而是将其掌握在自己的手里。

痛点一：该不该主动

在互联网上，或是在我们的身边，有无数类似的言论："爱情就是一场博弈，谁主动付出谁就输了。"

不可否认，确实存在这样的现象，但大部分人都没有想过这个现象的本质是什么。

请你仔细想一想，你不被珍惜的原因，真的是"主动"吗？

很多所谓的"情场高手"，难道不都是主动接近目标、主动付出的吗？为什么他们的主动就能如鱼得水呢？他们的主动和我们的主动不一样在哪里呢？事实上，产生"主动就输了"这样的错觉，是因为很多人都在无效付出。就好比"好钢要用在刀刃上"，我们要选择对的人以及对的方式去付出时间、精力和诚意，这样我们的真心才能被更好地珍惜。

破除了"无效付出"的卡点，你会发现，主动出击就是脱单中的绝妙武器，只要你运用得当，就会拥有更多的选择，寻觅到更优质的伴侣。

那么，什么样的付出才是有效付出呢？别急，本书会带你一点点拆解。

痛点二：如何找到和识别对的人

很多人会把恋爱过程看作荷尔蒙碰撞、吃喝玩乐、风花雪月的过程。可事实上，如果谈恋爱最终是为了结婚，那么恋爱的意义远不止如此。

有人曾经问我结婚和恋爱有什么不同。我当时的回答是："恋爱中我们享受生命的轻盈和彼此美好的那一面，那个时候对方就是我们的全世界；而婚姻中，我们和对方组成人生伴侣，应对生活里的诸多压力，这个时候就是两个人背靠背站在一起，共同面对这个充满挑战的世界。"

我们需要对对方有足够的信任，才会愿意把后背交给对方。恋爱中更重要的意义是"练爱"，这是一个筛选合适的人生伴侣，同时双方在婚前练习配合的过程。

在恋爱阶段，我们要不断地去了解自己，摸索自己对伴侣的偏好，慢慢完善自己的择偶框架；知道自己要什么样的生活，不要什么样的生活；明白自己可以承受多大风险，有多大的风险应对能力；在选择一个人的时候，明白哪些是自己不切实际的幻想，哪些是自己真真切切的需求。

这些问题都需要我们在恋爱过程中找到答案。

本书将分享经典的模型和方法论，帮助你了解自己、观察对方，制定自己专属的择偶框架。

痛点三：外貌焦虑

之前在脱单群的一场讨论中，一个女生觉得在择偶时，外表才是最重要的，因为她遇到的男生都是视觉动物。

很多男生也会担心，帅哥才得到真爱，普通男生只能成为"供养者"。可事实真的是这样吗？

有研究表明，无论男女，都会更喜欢相对年轻、面容姣好、身材较好的异性，也就是大众审美中"好看的人"。因为从演化心理学的观点来说，这些外部特征预示了健康的身体和良好的繁衍能力，所以喜欢好看、健康的外形，是人类的本能。赏心悦目的外表不仅是吸引力的基础，也间接反映了我们的自律、气质、审美能力、自我关怀能力等内在的志趣。

这种蓬勃的生命力本身也有巨大的吸引力。外表重要，但远不是吸引力的全部。爱情中的吸引比单纯的视觉刺激复杂得多。想象一下，在你面前有两个人，一位容貌姣好却对你十分冷漠，另一位长相尚可且对你友好并抱有欣赏。如果你一定要选择其中一个人去约会，你的内心会更倾向哪位呢？

择偶的本质也隐藏着价值交换，我们都知道要在欲望和能力之间寻求平衡。也就是说，在找对象这件事上，对一个人吸引力最强的不一定是最好的，在自己可得范围内的最好，才是我们需要的最好。

我们从骨子里就很害怕被拒绝。外形和金钱的刺激是直观的，可能会第一时间激发人的欲望，但没有人可以长期维持消耗性的关系。最终让人愿意停留在一段关系中的，常常是接触过程中获得的良好互动感受和积极的自我评价，这是深层次的、更长久的吸引力。

就算外表不够出挑，但如果能够通过相处让对方拥有积极的自我评价，让对方把积极感受和我们联系在一起，那我们在对方眼里就完全可以是情人眼中的西施。

那我们要怎么做，才能形成这样的吸引力呢？本书将会告诉你答案。

除了这三个最常见的痛点，本书还会手把手带着你了解自己的定位、挑选适合自己的圈子、挖掘自己的专属优势、打造初期吸引力、推进关系，以及识别"有毒关系"的红灯信号，甚至还给你准备了初次约会话题包、带着你修改交友平台简历，避开"烂桃花"，吸引想吸引的人。

本书有理论也有实操技法，就像一个武林高手，内功和招式全都会。

　　市面上有不少关于恋爱择偶的书和课程，会教你一套千篇一律的操作模板，比如话术、打扮方法、如何在朋友圈打造人设等。这些表面的"花拳绣腿"可能会短暂吸引一些人的注目，但如果没有真正明白人的心理需求、相处的逻辑，那么这些吸引力大多会如昙花一现，爱情最终会高开低走，持续打击我们对情感关系的信心。

　　还有一种更常见的现象：我们的这些包装常常会吸引来不合适的人，也就是所谓的"烂桃花"。这些关系只会额外消耗我们的时间和能量，让我们多感叹几次"遇人不淑"。

　　本书将以心理学的视角，以及通过上千个案例总结出来的经验，一步步地带着你制定符合自己脾气、性格、价值观以及生活习惯的专属脱单策略。

　　如果你是"社恐"，你不需要变成"社牛"[①]；如果你是"i人"，你没必要变成"e人"[②]，仍然可以吸引到想要吸引的人。

　　其实看到这里，我相信你一定会发现，本书不仅仅对单身的人适用。它带着我们理解人性、理解人和人相处的逻辑，而后帮助我们制定出适合自己的独家关系策略。

　　因此，本书也非常适合已经在恋爱关系中或者分手后有复合想

---

① 网络流行词，"社恐"指害怕社交的人，"社牛"指擅长社交的人。
② 网络流行词，取自 MBTI（迈尔斯－布里格斯类型指标）人格测试。
　 "i人"泛指性格偏内向的人，"e人"泛指性格偏外向的人。

法的读者朋友阅读。

* 如果你有过几次以遗憾告终的恋情，迷茫于如何找到对的人；

* 如果你正在恋爱，不确定对方是不是合适的终身伴侣；

* 如果你已经分手，却依然有复合的想法，想要修复关系；

相信本书都可以给你带来帮助。

目 录

CONTENTS

1

第一章

主动我就输了吗

这样的主动是道德绑架

从受害者到主导者：改变爱情剧本的力量

"我可以任性，但你不能不高兴"

你知道恋爱关系是可塑的吗

离开错的人，才是遇见真爱的起点

这样的主动是道德绑架

我经常听到一句话："心态好的人主动就是在'撩'，可我主动就像是暴露了需求。"

这句话直接指出了很多人在恋爱中的关键问题 —— 如果心态不好，哪怕学会了所有恋爱技巧，也无法自然地运用。

狄更斯说过："一个健全的心态，比一百种智慧更有力量。"

在恋爱这件事上，这句话体现得更淋漓尽致。

市面上有很多课程和书籍，都在教人如何掌握恋爱的技巧。事实上，光有技巧并不能帮我们找到理想的伴侣。具体的恋爱技巧不难学，难的是培养稳定的心态。如果我们在暧昧的过程中总是担心暴露需求、害怕相处压力、过度担心被拒绝，那么，我们就很难有底气去运用技巧，也无法判断技巧是否有效。哪怕我们一招一式都照葫芦画瓢，最终呈现的结果还是不太理想。

只有当你具备良好的心态时，你才能更好地面对脱单过程中的不稳定性和未知情况，逐步掌握属于自己的主动权。因此，本章会详解择偶过程中常见的五个心态问题。

在本节中，我们先聊一聊第一个心态——主动。

提到主动，很多人会想到以下情况。例如，我们主动给对方发了一条消息后，开始感到焦虑："为什么对方还没回复？"我们主动送了礼物给对方后，开始担心："对方到底喜不喜欢？我是不是太主动了？"……

在追求一个人的过程中，这些内心戏会不断消耗我们的安全感和自尊，让我们感到忧心忡忡，时刻怀疑自己的付出不值得。

因此，"主动就输了""付出真心不值钱"成为很多人的爱情口号。

这样的思维方式还导致许多人在寻找伴侣的道路上屡屡受挫，失去了把握幸福的机会。

实际上，心理学中的吸引力理论指出，人际关系的一个特点就是互相给予。我们更喜欢那些喜欢我们的人，我们希望在相处过程中得到对方的积极反馈。

那么，为什么我们确实会在生活中看到，一些人的主动行为会导致对方反而不珍惜自己呢？

这是因为很多人对主动有误解。我们先来聊一聊什么是错误的主动。在观察错误的主动时，我们通常会看到以下三种情况。

第一种，不合理的期望。在这种情况下，主动的一方过于自我，用自己的方式对对方好，并期望得到同等的回报。

第二种，缺乏尊重和界限。所谓的"主动的一方"越是被对方忽视，越是变本加厉，甚至干扰对方的正常生活。

第三种，不了解对方的需求。在这种情况中，我们常常看到一方自我感动，觉得自己付出了很多，却并没有提供对方想要的稀缺价值。

错误的主动实际上是一种道德绑架。我们在要求对方配合我们的戏，满足的是我们自己对爱情的幻想。

说到这里，给大家讲个故事。

有个男生，叫小 A，他喜欢上了同公司不同部门的女生。小 A 加了女生的微信后，整整一个多月都在琢磨怎么才能给女生留下好印象。

天冷的时候，他给女生发消息让她多穿衣服；天热的时候，他给女生买冰奶茶；女生的生日到了，他给她准备了一些不贵重的小礼物；放假回老家的时候，他还给女生带了一些家乡特产。

每次女生委婉地拒绝，小 A 总是说："我们是同事，这些不是什么贵重的东西，以后还要互相照顾呢。"他根本不给女生拒绝的机会。

女生也不好意思反复拒绝，所以也礼貌地接受了那些不贵重的东西。有一次，小 A 在女生的朋友圈看到她发了一条说自己感冒的动态。于是，他连夜买了感冒药，打听到女生的住址，直接送到了她的家门口。结果女生对他唯恐避之不及，直接把他的微信拉黑了。

小 A 原本以为他们的关系进展得很顺利，甚至还计划在七夕约女生出去玩，但是没想到自己突然被拉黑。他气不打一处来，觉得自己的付出和真心遭到了践踏。于是，他找兄弟倾诉，觉得女生就是一个虚伪的人。

看看我们周围，类似的故事是不是很常见呢？

很多人对"主动付出"有误解：我在行动 = 我有努力 = 会有回报。

然而，事实并非如此。谈恋爱是需要用大脑的，学会观察和思考，比盲目付出更重要。这就和我们学生时代的常见现象一样，有些同学凌晨四点起床蹲在卫生间里看书复习，但成绩仍然一般；而有些同学作息规律、睡眠充足，成绩却名列前茅，区别就在于他们是否掌握了正确的学习方法。

事实上，像小 A 这样的自我感动的付出是一种"放弃思考"的偷懒行为，同时也是非常以自我为中心的表现。

小 A 早在心中默默构建了一个浪漫的爱情剧本：我默默付出，细心体贴，女生就会被我的关心感动，最终我们将一起谱写爱的赞歌。

但殊不知，女生那边的剧本是这样的：一开始女生感觉"这个人莫名其妙对我好，让我感到不安。我们是同事，我不想闹得不愉快。而且他从未表达过喜欢我，我也不想自作多情地告诉他我们不可能。挺烦心的，找个机会再说清楚吧"。而感冒药事件后，女生的感受则更差了："天哪！这个人竟然私自打听我的住址，还亲自买药送到我家，太可怕了。不用纠结了，赶紧把他拉黑。"

然而，小 A 在整个过程中完全陶醉在自己的剧本中，不愿意动脑思考女生的真实需求，不愿意用心去了解女生的真实感受。直到他发现现实与自己想象的剧本不符，他的幻想破灭后，才愤怒不已。

小 A 表面上看起来很用心，但实际上却在偷懒。

没有了解和尊重的付出很可能会被对方视为打扰、道德绑架和自私索取。有价值的付出，一定建立在对对方的了解和尊重的基础上。

当我们不了解对方时，我们很容易陷入这种思维模式：我先给你我觉得好的东西，虽然我不知道你是不是真的需要。比如"有一种冷，叫作妈妈觉得你冷"，或是"对方喜欢吃苹果，你却送了他一车你爱吃的香蕉，还期待他说谢谢"。

与其盲目地对对方好，不如把时间和精力花在观察和了解对方上。通过和对方成为朋友，了解他是什么样的人，了解他喜欢如何被对待。这比盲目付出要重要得多。

如果我们心存"我付出了，所以我应该得到回报"的想法，那么这个付出从根本上来说就是一种对对方的索取。无论对方的意愿如何，付出就成了你道德绑架对方、期待对方给予你回报的一种武器。

礼尚往来才是人之常情。如果我们的付出超出了对方的心理接受范围，对方会因为回报的压力而更加疏远我们。

因此，我们在主动付出时，要根据双方的亲密度，充分尊重对方的意愿，这样关系才能以舒适、自然的节奏发展。

那么，在择偶的过程中，正确的主动又是什么样的呢？这里列举以下几点。

　　第一，主动创造与他人互动的机会。我们可以主动扩展社交圈，选择让自己舒服的方式，创造更多与他人互动的机会，增加自己的曝光率和脱单概率。

　　第二，主动明确自己的择偶框架。在脱单过程中，明确自己的需求，建立择偶标准，并以寻求长期关系为目标，主动筛选符合这些标准的对象。

　　第三，主动展示自己的吸引力。了解自己的优点和闪光点，主动展示自己的魅力，给对方创造良好的相处体验，通过日常生活中的行为和积极态度增加自己的吸引力。

　　第四，主动挖掘对方的需求，给对方提供他想要的价值。了解对方的意愿和需求，主动选择如何付出，并确保自己的付出与对方的期望相匹配。

　　这些主动的能力，我们会在后续的内容中，带着你一点点掌握。

　　要记住，正确的主动并不是"盲勇"，而是一种建立在对自己和他人的了解与尊重之上，以促进关系舒适发展的能力。

从受害者到主导者：改变爱情剧本的力量

恋爱这场复杂的人际舞会，总免不了一些摩擦和碰撞。如果我们总是习惯性地避开自己的问题，把所有责任都推给对方或者环境，沉浸在一种"我也无能为力，真是太委屈了"的情绪里，那我们就不知不觉地戴上了受害者的"帽子"。

所谓的受害者心态，就是习惯性地把事情的不顺利和错误归结于环境或者别人，其典型表现就是"我也没办法，我也很委屈，但我无法改变现状"。

一位叫小临的来访者，她在恋爱选择上就一再陷入这种思维。小临的恋爱历程宛如快餐店的标准套餐：从暧昧到热恋再到分手，循环往复，恋爱过程从未超过半年。

她总是把这归咎于遇人不淑、命运多舛，以及现代快节奏的生活。但小临没意识到的是，她在恋爱的选择上有非常固定的模式 —— 每次恋爱，她都倾向于选择最热情追求她的男生，这些男生的热情如同强光，一下子就把小临的注意力吸引过去了。

在彼此还未真正了解时，她已经沉醉在被追求的喜悦中，迅速依赖上对方提供的情绪价值。而那些不太健谈、不擅长表达的男生，很快就被她遗忘在爱情的角落里。

小临每一次恋爱关系的走向几乎都是一样的：双方激情褪去后便会进入磨合期，小临习惯了享受付出，她没有能力挖掘和满足男生的需求，让男生觉得和她在一起没有好的体验，便开始逐渐疏远她。而一旦男生有热情褪去的苗头，小临就会开启受害者模式，指责男生喜新厌旧，随之而来的便是无休止的争吵，直至关系破裂。

每次经历这样的结局后，小临更坚信自己运气不好，感叹自己怎么总是遇到那些得手后就不珍惜的男人。

再举几个常见的例子。

有些男生觉得现在女生都崇尚物质，所以在和女生相处时会很紧张，时刻关注自己的钱包，对钱的话题特别敏感。如果女生的金钱观念与自己不同，就忍不住想反驳对方。

这种糟糕的相处体验可能会吓退那些想要占便宜的女生，但同时也会吓跑很多独立自主的女生。

这时，因为受害者心态的影响，这些男生会认为"果然是因为我没钱，所以没有人看得起我。等我有钱了，这些势利眼的人还会回来求我"。

同样，有些女生觉得男生谈恋爱只是为了追求刺激，于是她们就对追求自己的男生设置很高的考验门槛。她们会反复试探，要求那些男生不断证明对自己的爱才能通过她们的考验。

结果，正常的男生都被吓跑了，而那些能通过她们考验的，大多是善于给女生提供情绪价值却别有用心的男生。

在被伤害后，这个结果又强化了她们之前的"男人都不是好东西"的观念。这种恶性循环会可预见地继续下去。

以上都是典型的受困于受害者心态的人。

受害者心态会给我们带来一些短期的好处，我们将问题归咎于外界，那自己就不需要承担责任了，可以暂时逃避责任带来的焦虑和压力；通过将失败归因于外界因素，我们还可以保护自尊，不用直面自身的不足和失败的风险。

但受害者心态最大的问题是，它会让你认为自己是无辜的，是无力改变现状的小孩，无法主动解决问题，也无须承担责任。这会让你低估自己的力量，没有能力做出改变，长久地陷在困局中。

其实，我们每个人都对自己的生活有巨大的影响力。要摆脱这种受害者心态，关键是要认识到自己的力量，并承担起相应的责任。

拿小临的例子来说，她确实无法改变整个恋爱市场，现实中确实存在不少品行不太好的男生和女生，但小临完全可以改变自己的筛选方式，让自己掌握择偶这件事的主动权，而不是变成"待宰的羔羊"。

我们每个人都拥有改变自己命运的能力，只需要敢于摒弃受害者的标签，勇敢地面对现实。

如果你也觉得自己有时候陷入了受害者心态的泥沼，有一个心理学小工具，叫突破因果思维，它可以帮你从多角度看待问题，澄清解决方案，着手改变现状（见图 1-1）。

自我练习：突破因果思维

问题	问题负责人及原因	责任人	问题原因	解决方法
		他人		
		自己		
		不可抗力		

1. 发现问题：在"问题"一栏下，写下一个你最近遇到的问题。
2. 本能归因：在"问题负责人及原因"下，写下你心目中的原因。用第一直觉来回答：为什么这个问题会发生，谁（什么）是导致这个后果的主要原因？这一栏的答案，就是你最习惯找的责任人。
3. 发现其他因果关系：在表格的中间，列出了三类不同的责任人：他人、自己和不可抗力。在每一类责任人后面填上对应的原因。
4. 找出对应的解决方法：在这一步时，再看这张表，我们会看到上面至少有三种不同的因果联系。它们每一种都是正确的，区别在于责任人不同，解决问题的方向也就不一样。
5. 我们要探索解决方法，看看不同的因果联系可以给我们带来哪些不同的解决方法。

图 1-1　突破因果思维工具示例

第一步，发现问题。你可以先暂停阅读，拿起身边的笔和纸，写下一个你最近碰到的棘手问题。

第二步，本能归因。按照你的直觉，你认为是谁或什么原因导致了这个问题？我们把这些初步想法记下来，这些想法代表了你心中所认定的原因，也反映了你最常找的"替罪羊"。

以小临为例，她在恋爱又一次以失败告终后，问自己"为什么会这样"。她的第一反应是觉得自己运气差，总是遇到不靠谱的男生。于是在第二步中，小临将主要责任归于运气和环境：都是因为自己运气不好，而且恋爱市场上不靠谱的男生太多，导致自己总是遇不到合适的人。

第三步，换个角度，发现其他因果关系。通常可以从三个角度来找原因：他人、自己、不可抗力。

接下来我们详细探讨每一个。继续用小临的例子。对她来说，自己恋爱失败的原因是运气和环境不好。在"不可抗力"这一栏里，小临写下"因为环境和运气都不好，所以总是遇到不合适的人"。这虽然是客观存在的原因，但并非唯一原因，因为还要考虑自己和他人的责任。

在小临的案例中，他人的原因是什么呢？经过思考，小临写道：前任本身没有解决问题的意愿，面对问题首选逃避，即使她尝试沟通也无济于事。

而自己的责任呢？小临发现，其实在每次暧昧期，她都没有真正了解和筛选对象，在恋爱中也未能注意到并满足对方的需求。她把这些发现记在了"自己"这一栏。

这样，就已经探索了责任人的三个维度。这三种因果关系可能都是对的，但对应的解决方法却截然不同。

再来看看不同因果联系的解决方法。

如果小临只看到运气和环境的问题，她的解决方案可能就是继续靠运气或者接受自己倒霉。但完成这个练习后，小临发现，当责任在自己时，她可以通过设立明确的择偶标准并加强筛选机制来避开不靠谱的男生。同时，她还可以学习如何在恋爱中与对方有效沟通，以便更好地度过磨合期。这样的选择显然比简单接受自己倒霉要积极得多。

最后，通过认识到责任可能在他人，小临也意识到，追求期间的热情并不是可靠的判断标准，而应重视对方在激情退却后是否愿意努力做出调整。

在之后的几次恋爱尝试中，小临延长了筛选期，更多地观察对方在冲突中的应对方式，并在双方遇到摩擦时，积极寻找非暴力的沟通方法，寻求双赢的解决方案。

最终，小临遇到了一位愿意积极沟通并解决问题的男性，两人稳步走向了长期稳定的恋爱关系。

而这一切，都源于她终于愿意面对现实，改变自己的思维方式。

恋爱 小练习

♡ 看看你的问题出在哪儿 ♡

在小临的案例给了我们一些灵感之后，现在轮到你用自己的问题来试试这三个维度的因果分析了。

请试着把你的问题填入下面的因果框架中。

问题	问题负责人及原因	责任人	问题原因	解决方法
		他人		
		自己		
		不可抗力		

"我可以任性，但你不能不高兴"

你有没有过这样的想法？

- 对方约会迟到了，是因为他对约会不上心。
- 别人考试没考好，是因为他贪玩影响了复习。
- 对象今天聊天的兴致不高，是因为他想借此对我表达不满，或是故意忽冷忽热。

然而，当自己遇到相同的问题时，你可能会觉得压力主要源于外界影响。

- 自己约会迟到，通常是因为路上堵车了。
- 自己考试没考好是因为时间太紧，老师评分太苛刻。

◆ 自己今天聊天兴致不高只是因为工作太累，或是对方聊的话题自己不太感兴趣。

对于这样的双重标准，心理学用一个叫"观察者偏差"的名词来解读，指对于自己行为带来的负面结果，我们倾向于归因于外部环境；而对于他人行为带来的负面结果，我们则常常将行为根源归咎于他人内在的个性或动机。这种归因偏差是"杀"死感情的罪魁祸首之一。

大部分人应该都有过这样的吵架经历：你和你的伴侣因为某个话题发生了争吵，如果对方在吵架中情绪失控，你可能会立刻觉得"对方的脾气真暴躁，情绪真不稳定"。

但如果换成是你情绪失控，你可能会说"我这么生气只是因为压力太大了"，或者说"我觉得对方听不懂我在说什么，还冤枉我，所以我忍不住"。

每次出现问题时，我们总是怪罪于对方，而无法理解对方的行为可能也受到了外界因素的影响。

朋友花花抱怨过她和一个暧昧对象的故事。

她说，她和这个人相处时，总觉得对方不够主动。有时候她振作精神找对方聊天，对方却显得兴趣不大。花花虽然对他挺有好感的，但在这种冷淡的气氛下，她也开始犹豫是否应该继续这段暧昧的关系。

我问她:"有没有他主动找你聊天,但你不是特别有兴致的时候?"

花花想了想说:"好像也有。"

我接着问:"那你是对他不感兴趣了吗?"

花花愣了一下,说:"不是的,通常是因为我加班太累了,能量耗完了,回家就不太想说话。不过我不明白,为什么他聊天兴致不高的时候,我就会觉得他一定对我不感兴趣。"

我听后笑了笑,告诉她,这就是典型的观察者偏差。

当花花自己聊天时兴致不高,她便归咎于外部原因 —— 因为工作太累了,所以没精力聊天。但对方如果表现得兴致不高,花花则认为是因为对方对她不够感兴趣。

这种心态已经开始影响到她和那个男生的关系了。有一天男生的聊天热情不高,次日他主动来找花花示好,花花却因为前一天积攒的情绪而不想搭理他。于是,两人的关系渐渐陷入僵局……

在深入探讨之后,我们决定从两个角度来调整策略。

第一个角度就是调整观察者偏差的消极归因模式 —— 采用积极归因。

所谓积极归因,就是一种魔法般的视角转换。当你把伴侣的好举动看作他们的本性表现,而把那些不太讨喜的行为归咎于偶然的外界因素时,你会发现,对他的感觉和对整个关系的满意度都神奇地提升了。

以花花的情况为例,如果运用积极归因的魔法,故事就变成了这样：当男生主动找花花聊天时，她可以理解为，男生享受和她在一起的时光；而如果哪天他没找她聊天，她可以归因为他只是当天特别疲惫，心情不佳，而不是对她的感情有所改变。

看到这里，你可能会想："这不就是自欺欺人吗？"

然而，在现实生活中，事情往往都是有两面性的，我们的解读方式往往会影响事情的发展方向。

在上文的例子中，男生没有找花花聊天的确可以从"不够喜欢"的角度来解读。但更重要的是，我们要看花花的诉求和目标是什么。花花明确表达了还是喜欢这个男生，并没有打算换人，她的诉求是"改善和男生的关系"。因此，我们制定的策略也需要服务于这个目标。

如果一味批判男生对她冷淡，这种负面思维并不会帮助她实现这个诉求，反而可能把事情推向更糟糕的境地。第一，我们会让自己陷入消极情绪；第二，我们的消极情绪和指责可能会使对方感受到压力，从而反馈给我们更多的负面情绪，形成恶性循环。

相反，如果我们选择积极归因，对方在感受到我们的正面反馈后，也会更有动力维持甚至推进这段关系。

花花在尝试了积极归因后，二人的互动也逐渐开始改变。当男生主动联系她的时候，花花能够更热情地回应；而当男生的回复不那么及时的时候，花花也学会了暂时放下，不让这件小事影响自己的心情。

男生发现和花花聊天越来越轻松愉快，慢慢也就养成了主动联系花花的习惯，两人的关系逐渐升温。

接下来，讨论第二个角度——学会共情。

在与花花探讨如何改变归因方式时，她最初感到困难的一点是，她发现自己很难真正理解并相信对方的解释。即便对方给出了理由，她也总是半信半疑，这让她感觉两人之间像隔了一层窗户纸。

为了帮助花花突破这个障碍，我向她推荐了德国心理学家彼得·迈克尔·巴克的著作《练习共情：如何成为一个有同理心的人》。这本书介绍了沟通模式理论，讲解了在交流时怎样接收并回应信息的多维性。

我们在交流中传达的信息通常包含以下四个维度。在和花花的探讨中，我们逐个深入分析了这四个沟通维度，发现花花和男生在目标上有着明显的差异。

（1）**事实维度：**信息的基础在于事实。在这个案例中，事实是某天男生没有主动找花花聊天，但花花发消息过去，他还是会回复。

（2）**关系维度：**这个维度通过措辞、语调及其他非语言信号，反映了发信者对接收者的看法和态度。对于一些敏感的接收者来说，这会是他们最容易感受到的维度。例如，花花可能会从男生不太热情的回复中感受到自己被排斥，在这种回复不断积累的情况下，她可能感到男生对她的兴趣正在减少。

（3）**自我暴露维度：**除了基础事实，表达者自身有着什么样的行为方式和思维模式，他们看重什么等。从这个维度观察，我们了解到，男生工作疲惫时就是不太想聊天，这不只是单独针对花花，对其他朋友也一样。

（4）**诉求维度**：每个人的话语中通常都包含着他们想要达到的某种目的。比如花花希望得到更多的回应和陪伴，而男生则希望花花能理解他的疲惫，但同时不希望她感到不快乐，所以尽管疲倦，他仍会努力回复花花的信息。

由于自己的诉求没有得到满足，花花往往从关系维度看，自然而然地走向消极归因。而从男生的角度看，无论是在表达事实还是在自我暴露上，他传递的信息都偏向于更加中性的态度。

当花花意识到这种偏差在哪里后，她开始尝试从男生的角度去理解事情，这帮助她更好地与男生共情。

共情的关键是能放下自己的偏见和先入为主的想法，真正倾听并理解对方的真实感受和意图。只有理解了对方的动机和需求，我们才能打破心理上的隔阂，建立更流畅、更和谐的沟通与互动。

下面介绍三步秘诀，帮助你打破观察者偏差的魔咒。

第一步，暂停一下。当你忍不住要给别人的行为贴上标签时，请按下心里的暂停键，提醒自己，观察者偏差会让我们的解读带有偏见，我们的判断并不总是那么中立和公正。

第二步，积极归因。采用积极归因的方法，从多个角度审视问题，这不仅能帮我们更客观地看待事件或对方的行为，还可以像花花那样，找到让双方都满意的解决方案，达到双赢的局面。

第三步，培养共情。共情是一个技能，需要我们不断练习。如果你对人际关系的细微之处（比如言语、语调、表情、肢体语言）特别敏感，请尝试跳出这一框架，从事实本身、对方的整体性格和思维模式，以及对方的实际需求出发，进行换位思考。这样我们就能更好地理解彼此之间的沟通偏差和对方的真实意图了。

通过减少观察者偏差，我们不仅能变得更加讨人喜欢，还能避免因为小事就急着下定义，导致错过那些不错的人。

你知道恋爱关系是可塑的吗

你有没有过这样的经历？

◆ 感觉和心仪的人聊天聊成了朋友，担心自己已经坐稳了朋友区的常客席位，似乎没有机会晋级为恋人了。

◆ 担心对方只是一时冲动喜欢上自己，冲动过后，你们的关系可能就要画上句号了。

◆ 聊天时你感觉对方提不起劲，甚至聊到一半"人间蒸发"，这让你怀疑对方对你的兴趣是否真的存在。

◆ 约会结束时，如果对方看起来有些闷闷不乐，你就开始怀疑自己是不是说错话或做错事了，对方是不是在考虑和你结束关系。

所有这些困扰的根源在于一个常见的误区：我们往往基于某个瞬间的反应或一次事件，就急忙给两人的关系下定义，却忘记了恋爱关系其实是动态变化的。

很多人低估了恋爱关系的可塑性。

其实，恋爱关系是流动的，它会随着时间和情境不断地变化和成长，就像一棵树，即使在我们看不见的时候，它也在不断地生长和变化。而这棵树长成什么样，很大程度上取决于我们如何培育它。

讲一个真实的案例。

一位叫小强的男生，就差点因为这种误区掉进了情感的陷阱。

小强在大学开学期间就被同学小丽吸引了。小丽不仅成绩优秀，还有很强的领导力，活跃在各种校园活动中。一学期下来，两人从同学变成了朋友。但随着关系的发展，小强发现周围有不少男生也对小丽感兴趣，他开始担心自己比不过其他追求者，无法赢得小丽的青睐。

这种不安驱使小强开始努力提升自己，他告诉自己只要变得足够优秀，小丽就会注意到他。于是，小强开始拼命学习，甚至强迫自己参加自己并不感兴趣的活动，只为在这些活动中表现出色，赢得别人的认可和赞赏。

小强越来越多地沉浸在与他人的竞争中，他希望在每一个小丽出现的场合都能赢得她的注意和好感。如果小丽没有对他另眼相看，他就会感到沮丧和失落，和小丽说话也会不自觉地带着怨气。

就这样，虽然小强在同学中越来越耀眼，但他和小丽的关系却越发疏远。

在咨询时，小强倾诉，每次小丽没有给他回应时，他就会觉得小丽不喜欢他。这个想法会让他感到焦虑，想去推拉，确认小丽还在意自己，但这些推拉反而让小丽对自己印象更差了。

其实在这段关系中，小强努力的方向就错了。他陷入了前文提到的误区：每当小丽没有给他正反馈时，他就给两人的关系武断地下了一个定义 —— 小丽果然对我不感兴趣。

这样的心理暗示使小强无法耐心地观察和感受两人关系的自然流动，而是一门心思地试图改变"小丽对自己不感兴趣"的设定。这让两个人的相处变得越发尴尬和有压力。

在咨询后，小强逐步走出了这个心理误区，开始重新审视他们的关系。

他意识到，其实小丽一开始是愿意和自己做朋友的。在最初的友情里，虽然小强不够引人注目，但在很多地方都和小丽有共鸣，正是这些共鸣和认可，拉近了两人的距离。

但当小强开始努力变得优秀时，他变得只关心自己能否得到小丽的崇拜，而忽视了去真正看见和理解小丽的想法、需求。

在关系建立的初期，我们很容易不知不觉地去争取关系的决定权，但好的亲密关系是彼此引导、合作，一起根据两人的需求来搭建和推进的，不是单方面的"孔雀开屏"或者强势主导。

如果我们像小强一样不幸陷入了这样的心理误区，我们应该怎样及时刹车，调整方向，让两人的关系重新朝着好的方向流动起来呢？

第一步：分析现状

根据当下关系的状态，评估两人相处之间的优势和劣势。

以小强和小丽为例，两人关系的优势如下。

- 两人之间已经有了一定的信任关系，作为朋友和同学，小丽会自然地拜托小强帮忙。
- 两人之间已经有了一定的了解，通过观察小丽和自己以及小丽和他人的互动，小强已经对小丽的喜恶有了一些初步的了解。
- 作为同学和朋友，自己和小丽有很多打照面和相处的机会。

那么，两人关系的劣势又在哪里呢？

- 和暧昧关系相比，两人之间明显缺少化学反应。
- 小强担心由于相识已久，对方可能忽略了和自己产生暧昧的可能性，将自己归类为朋友。
- 两人有紧密的圈子，如果突然在众人面前推进关系，可能会让两人都感到尴尬。

第二步：策略讨论

在这段滑入"友谊区"的关系中，最有效的改变方法就是在双方的相处中引入一些变量，依靠这些新的变量来制造化学反应。

可以从下面三个方面入手。

1. 外貌变革：从"随意"到"精心"

小强决定改变日常的打扮，从随便的 T 恤、牛仔裤升级到更有风格的搭配，同时注意日常的个人护理，比如定期理发、保持清爽的面庞等。

注意外表，可以更让对方从看待异性的角度来看待自己，释放出暧昧信号。

2. 增加特别的关注

小强开始在细节上表现出对小丽的关心，比如聚会时给她夹菜，出游时多带一瓶饮料（小丽爱喝的牌子）给她，在游戏中选择坐在她的旁边，通过这些小动作传达出超越朋友关系的暗示。

3. 改变相处环境

他们目前的相处环境太过熟悉，很难激发出暧昧的火花。

关于这一点，心理学中有一个理论叫"自我延伸"，指人们希望能通过伴侣来满足拓宽自我的需要。我们如果能给对方带去新的认知、新的体验、新的环境，那么这些新的刺激就会带来激情。

因此，他决定从改变相处的圈子入手，通过两人共同感兴趣的活动，逐渐将小丽带入自己的其他圈子，给小丽带去全新的相处体验。

第三步：实际行动

行动是最关键的一步。小强需要谨慎地将这些变化融入他们的互动中，注意观察小丽的反应，并根据反馈适时调整策略。

创造这些变化，旨在激发两人间潜在的暧昧火花。一旦这种氛围开始萌芽，小强就可以找机会单独约小丽出去，进一步推动关系发展。

最初，我们做出一些调整改变的时候，可能会觉得别扭，然而这并不是一件坏事。感到别扭，是因为我们正在打破现状、摆脱僵局，为关系注入新鲜元素，开创新的可能性。

同时，我们也需要设定合理的期望，给对方足够的时间来适应这些变化。

注意，一定不要一下加入太多新的变量，这会让对方觉得刻意和不适。我们可以从对方最容易接受的变量入手，并及时观察对方的反馈。在对方对我们的变化有积极回应后，我们再去加入下一个新变量，循序渐进，给对方一个适应的过程。

如果小强今天换了发型，他就期待明天能和小丽确定恋爱关系，显然这是不切实际的。

总的来说，这个策略可以概括为以下几个步骤。

（1）**分析现状**。仔细评估关系的当前状态，确定双方关系的优势和劣势。

（2）**制定策略**。根据分析结果，计划引入新元素来改善关系。

（3）**实施行动**。谨慎实践，观察对方的反应，并据此调整策略。

（4）**调整期望**。留出时间来让对方适应变化，尊重关系的发展规律。

关系是流动的，我们通过学习，完全可以去主动引导关系的走向，同时也能更好地适应变化，塑造符合我们期望的恋爱关系。

离开错的人，才是遇见真爱的起点

很多人都听过这样的故事，或者亲身经历过类似的事：和现在的暧昧对象已经拉扯快一年了，两人也约会过很多次，但每次一到确认关系，对方就闭口不谈，或是转移话题。有时候想换个人，又觉得重新去熟悉一个人很浪费时间，还不如在这个人身上继续试一试，想再给彼此一点时间，说不定对方就要决定好了呢？

作为局外人的时候，几乎所有人都会说：这个人不值得你再投入任何时间和精力耗下去了。但是，作为当事人的时候，我们发现大部分人会本能地做出相反的选择，舍不得已经投注在这个人身上的时间、精力和情感，选择继续拉扯。

这就引出了一个概念 —— 沉没成本。

沉没成本是个经济学术语，指的是那些我们已经付出且无法收回的成本，包括时间、精力、情感以及各种资源。而在感情中，沉没成本常常让人难以做出及时止损的决定。这些投入没有带来预期的正反馈，却让我们陷入心理误区，认为再多努力一次或许就能得到一些回报。虽然这种想法似乎有道理，但实际上它往往让我们在一条无果的路上越走越远。

那么，为什么在感情中，我们常常做不到及时止损呢？沉没成本是通过哪些心理机制影响我们决策的呢？

（1）**心理契约**。在一段关系中，我们往往会形成一种心理契约，这种契约包含了对未来的期望和承诺。当这些期望和承诺没有实现时，我们会感到失望和受骗。为了避免这种痛苦，我们不愿承认当初的选择是错误的，也就是很多人说的陷入爱情就开始自欺欺人。

（2）**自我价值**。在一段关系中，我们往往将自己的自我价值与关系的成败联系在一起。当关系出现问题时，我们会感到自我价值受损。为了避免这种损失，我们可能会选择继续坚持，希望通过修复关系来恢复自我认同。

（3）**恐惧未知**。结束一段关系意味着进入未知的未来，未来总是充满了不确定性和风险，这种不确定性会让人感到焦虑和害怕。与其冒险进入未知的状态，我们宁可选择继续维持熟悉的现状，哪怕现状并不理想。就像很多人哪怕处在痛苦的婚姻关系中，也还是不敢离婚，因为离婚代表着面对更可怕的未知生活，相比这种未知的恐惧，他们宁愿选择已知的痛苦。

尽管有那么多恐惧和不甘都在影响着我们做出止损决策，但理性上我们仍然需要告诉自己：我们需要评估当前和未来的幸福，而不要被过去的投入束缚。

首先，继续投入并不代表我们能获得期待的回报。如果对方不是适合我们的伴侣（比如核心需求不适配），那无论我们付出多少时间、精力和感情，对方都不会变成我们理想中的样子。

面对错误的人，无论我们有多努力，都只是在错误的方向上越走越远。打个比方，如果你是一家餐厅的老板，遇到了一个逃单的顾客，在第二次遇到这个顾客时，他解释说上次是忘了付款，让你再给他一次机会，他一定会将这两次的饭钱结清，你会相信他吗？相信大家内心都有答案。

然而在感情中，我们反而更容易陷入对沉没成本的执念，反复纠结内耗，迟迟无法做出决断，最终把更多的时间、精力和牺牲投向一个始终没有回应的黑洞，让我们产生越来越大的精神和物质亏空。

沉没成本是过去决策的结果，但不应该影响我们未来的决策。

其次，问题和隐患不会因为进入关系就消失，相反，它们可能会被进一步放大。

在暧昧期，大家一般都会更积极地表现，展现自己更好、更吸引人的那一面。在这样的前提下，如果暧昧期里我们就能观察到对方有明显的问题，或者对方的态度已经让我们感觉不舒服了，那进入正式恋爱关系后，这些问题很可能会继续存在，甚至变本加厉；我们又要投入更多的时间和精力和这些问题对抗。

最后，我们越早离开错误的人，才能越早遇到正确的人。

从错误的关系中抽身，才能为自己创造新的机会，遇到真正能与我们共建未来的人。如果沉没成本影响了我们的止损决定，意味着我们放弃了遇到新人的可能性，那么这个失去的机会成本，才是我们最大的损失。

要跳出这个陷阱，我们需要做到以下几点。

（1）**明确自己的框架。**了解什么是我们的核心需求、如何抓大放小、什么是我们的底线和雷区，明白什么时候需要"一票否决"，这部分内容将在第六章中详述。

（2）**明白"对关系的期待"不是"对人的期待"。**告诉自己，我们都值得一段被认可、被接纳、被包容的关系。如果当下你遇到的另一半不愿意给你想要的关系，这不代表你对关系的期待是错误的，可能对方不是你要找的人。

（3）**学会评估感情的健康程度和滋养程度。**这段关系带给我们更多的是积极影响，还是消极影响？是在激发我们更好的生活状态，还是在消耗我们对自身的评价和对生活的热情？

如果你发现自己在一段关系中纠结于已经投入的时间和精力，不妨换个角度想想——把即将继续投入的时间和精力，放在正确的人身上，会不会带来更好的回报？

Chapter *2*

第二章

定制属于你的社交策略

单身期社交的目标和心态

虽然我们经常说，多交朋友，多认识人，这是脱单的第一步；但很多人恰恰就卡在了这里，从此止步不前。

你是不是也曾困惑过：为什么我不停地相亲，见了那么多人，还是没有找到我的另一半？为什么别人新认识人的时候看起来那么轻松、游刃有余，到我这儿就这么累呢？现在的圈子里没有我想找的伴侣，换圈子真的有用吗？我要怎么换？如果我不擅长社交，没有什么特别的才能或兴趣，难道我就不配脱单吗？

在这一节中，这些问题都会逐一得到解答。

社交目标

2020 年的一项调研显示，超过 70% 的单身者认为"圈子太小"是他们单身的主要原因之一。

但其实，圈子小只是问题的表象。更深层的问题是，我们缺乏主动拓展社交圈的意识和能力。换句话说，我们缺少强健的社交"肌肉"。

在校园时代，大家因为年龄相仿、背景类似，容易认识志同道合的朋友或异性。所以，很多人习惯了被动社交 —— 只要在一个相对舒适的环境中，就会有合适的人顺其自然地出现。

但工作后，社交环境发生了巨变。在公司里，我们很难自然地找到背景、思想都相近的人。再加上初入职场的忙碌，很多人陷入了家和公司两点一线的生活模式，社交"肌肉"逐渐萎缩。

长此以往，如果我们不主动去开拓自己的圈子，不仅没办法认识更多异性，封闭的环境更会让我们失去最基本的社交能力和从容的心态。

这样一来，即便有一天我们遇到了心仪的异性，也可能因为缺乏社交能力而遗憾错过。

谈恋爱就像学游泳。学会游泳最重要的不是学具体的泳姿，而是熟悉水性。如果你一直站在岸上，无论你从别人身上学了多少蛙泳、蝶泳、自由泳的姿势，一旦把你扔下水，你还是会瞬间腿软、呛水。但也有一些在河边长大的孩子，他们天天在水里嬉戏打闹，他们不懂专业的游泳姿势，却是水性极好的"浪里白条"。

恋爱中的"水性"，就是我们在和异性交朋友、打交道中，自然而然练就的从容心态和掌握的基本规则。

以小松为例，他是一个性格内向的男生，没有恋爱经历。他的朋友圈子从小到大都非常固定，一直到大学毕业。毕业后，朋友分散到各地，小松突然发现自己变成了孤身一人。随着家人的催婚，小松觉得自己迫切需要稳定下来，但他发现，身边合适的单身女性越来越少，更糟的是，他几乎不知道如何与异性相处。

在父母的催促下，小松开始了机械式的相亲。这让他感到了巨大的压力：突然之间，他需要每周都与不同的人交流，了解当前的流行话题，找出适合约会的地点……这不仅挤压了他的私人时间，而且收效甚微。

几次相亲下来，对方都觉得小松人不错，但就是缺少那么点"火花"。他甚至开始怀疑自己是否真的适合相亲，或者是否适合拥有伴侣。

带着这些困扰，小松找到了我。在和小松的对话中，我们确定了他当下的目标并不是马上找到对象，而是重新打开圈子，锻炼社交"肌肉"，给自己准备好一块适合脱单的土壤。

我给了他三个建议。

1. 先从熟悉的朋友开始，组织一些小型聚会，不限性别。如果目前朋友都是男生的话，也邀请他们带上女朋友一起玩。这是为了先让小松熟悉和异性接触，以及可以旁敲侧击地了解异性感兴趣的话题。

2. 减少相亲的频率，提高相亲的质量。在约会前，通过网络了解对方，确保对方真的符合自己的期待后再安排见面，因为线下见面无论是时间成本还是金钱成本，都比线上大得多。

3. 逐步扩展社交场合，从简单的聚餐到参加一些新活动，比如密室逃脱或露营，鼓励朋友带上小松不认识的新朋友。

通过实践这些策略，小松逐渐建立了稳定且健康的社交模式，也逐渐找到了与异性交往的舒适感。

在平时与朋友们的闲聊中，小松搜集了许多有趣的话题，这极大丰富了他的交友对话库，使他在约会时不再因为找不到话题而紧张，常常能与对方聊得不亦乐乎。

在这个过程中，小松遇到了一位心仪的女生，他借着组织一次露营活动的机会，邀请了这位女生参加，让她有机会认识他的朋友圈。在露营过程中，女生被小松所在的圈子氛围吸引，甚至开始主动寻求与小松产生更深入的联系。

通过小松的故事，我们可以看到，在打开社交圈的阶段，目标并不是一击命中、搞定一个人。这一过程是帮助我们锻炼和强化社交"肌肉"，使我们能够更自如地与陌生人，尤其是异性进行交流，并逐渐增加自己的曝光度，让更多的潜在对象可以注意到我们，也就是前文说的先"给自己准备好一块适合脱单的土壤"。

正所谓功夫在平时，当环境准备好的时候，我们自然而然会拥有更多选择。

我们在打开圈子阶段的社交目标，可以归纳为以下几点。

（1）**适应交流**：让自己习惯与陌生人对话，减少紧张感。

（2）**生活平衡**：调整日常安排，确保社交、工作和私人时间的平衡。

（3）**真实互动**：接触更多异性，脱离网络上的非黑即白，通过现实生活去对每个个体有更真实的认知。

（4）**探索喜好**：通过不同的社交活动，了解自己倾向于与何种人相处，同时明确自己的交往底线。

（5）**增强共情**：通过广泛的社交活动，提高自己的亲和力和共情能力，让自己在人际交往中更加得心应手。

这样，我们才有更多机会去遇见合适的潜在对象，并且在遇到那个人的时候，有能力充分地把握住机会。

社交心态

长久关系和婚姻都是充满责任感的话题。

提到这些话题时，我们通常会想到人生规划、经济能力、生育养老等各种各样与责任和压力相关的事。

很多人遭遇过一个问题：他们害怕开启一段恋爱，因为担心对方不够认真，而他们自己想要一段很认真的关系。结果往往也和他们想的一样，对方做不到从一而终，聊着聊着就消失了。这样的经历再一次验证了他们的假设：世界上不靠谱的人真多，只有自己是认真的。

于是，他们对待感情就更谨慎、更紧张了，迟迟不敢开始一段关系，更无法享受暧昧期的快乐，甚至觉得是这个浮躁的世界对不起自己这个认真的人。

你见过这样的人吗？或者你有过这样的经历吗？

这类人有一种很常见的心态："我接触异性就是为了找一个可以结婚的对象，希望对方可以和我一起承担生活的责任。""我希望在关系开始前就能 100% 知道对方是不是靠谱的，能不能和我走到最后。"其实，这里有一个文字陷阱：认真并不等同于严肃和刻板。

我们鼓励认真对待感情，但并不提倡在初识阶段就表现出太严肃的态度。在两人刚接触的时候，相互都不了解，我们就要求对方与自己绑定未来，在相互认定之前就过早地引入义务和责任，对方通常会因为这些东西过于沉重而对我们望而却步。

这种我们自以为的责任感会变成无形的压力，让对方不堪重负，落荒而逃。

如果我们整天想着如何控制这个"虚无缥缈""看不见摸不到"的未来，自然会觉得非常失控，忧心忡忡。

我经常说一句话：未来不是凭空产生的，所谓未来，是由一个个当下的瞬间组成的。

在关系初期，轻松愉快、状态松弛、享受当下的心态才能更好地帮我们达成最终目标。

如果我们保持一个轻松有趣的前调，让对方享受和我们相处，那么随着时间推移，对方会因为享受这段关系（不想失去这段关系）而主动承担起关系中的责任，更加笃定地和你携手走向未来。

"但行好事，不问前程"，走着走着，一不留神就走到了那个你想要的美好未来。

男生豆豆面对爱情可谓是带着一颗认真的心，却误入了"结婚速成班"。每次相亲或者交友，他都带着一份"我要找对象结婚"的坦诚，试图向对方展示他的诚意和认真。然而，这种坦荡的态度却无意间为初次见面的氛围罩上了一层婚姻面试的压迫感。

豆豆就在这个过程中不断碰壁。每次约会后，女生都一致反馈："豆豆人真不错，但总感觉他太急了，像是先定了婚纱再来约会的。"

实际上，豆豆内心并没有急于结婚，他只是想表达出自己对待感情的认真态度。他的困惑也是很多人的困惑："我只是想表明自己想认真交往，怎么就成了压力源呢？"

这里的问题在于，豆豆的诚意虽高，但他未能把握初识阶段的交往节奏。他希望通过开诚布公的态度，表现出自己对婚姻的认真和责任感。然而，这种做法往往在不经意间将"结婚"这个沉甸甸的话题提前放在了两个人的关系中心，使得约会变成了一场关于适不适合结婚的审查。

这就瞬间开启了对方的防御机制和审查机制，让对方无法轻松地展示真实的自己，更无法在没有压力的环境中感受到豆豆的其他优点。

有诚意没有错，但是展现诚意的时机和方式需要调整。

我为豆豆提出了三点建议，让他能在不损失诚意的同时，逐步构建与他人的深度连接。

第一，重新梳理预期。我们需要明确地认识到，并不是每个新认识的异性都是我们的潜在伴侣。就像前文所说，很多时候，这些互动只是为了扩展我们的社交圈或者让我们更好地了解自己，而不是为了一击即中。

之前，在"必须有结果"的心态加持下，豆豆每次被女生拒绝，都会认为这是自己的一次失败，接着就会进行深刻的自我反省；如果对方提出对哪些地方不满意，豆豆便会立刻尝试改变。

但和几个人接触下来，豆豆发现，无论自己怎么改变，总是有地方让别人不满意，好像自己得一直改，才能勉强谈恋爱。在相亲过程中累积的负面评价和指责，让豆豆非常沮丧。

在梳理清楚预期后，豆豆接受了并非每个见面的人都能当伴侣，也更坦然地接受了人和人之间的差异，不会再要求自己去迎合相亲中遇到的每一个人。

豆豆也开始有了自己的筛选框架，他开始明白真正的连接是建立在双方共同的舒适和接纳上的，而非单方面地改变以适应对方。

第二，不要过早地把对方带入你人生伴侣的位置。 这也是很多人在择偶过程中的误区 —— 过早地把对方放到自己人生伴侣的位置上去审查和提出要求。

在豆豆的案例中，他一上来就把对方放到了潜在结婚对象的位置上，开始商讨未来。豆豆的直接和认真反而让潜在的对象感觉自己必须马上做选择，才能不辜负豆豆。女生会想："他这么着急，如果接触一两个月再说不合适，会不会耽误了他？不如早点告诉他节奏不一致，他也好去见下一个。"她们担心自己还没有准备好承担这份沉重的期望，从而放弃进一步相处。

后来，豆豆改变了自己的表达方式。他依然会明确地表明自己希望能谈一段认真的恋爱，但是他不再急于在刚认识对方的时候就大谈特谈自己的婚姻规划。

他开始用更轻松的方式，先了解对方的生活节奏、兴趣爱好和未来规划，在倾听和了解对方的基础上，再慢慢地分享自己的想法和对未来的期望。做出这一步调整后，愿意和豆豆进一步接触的女生明显变多了。

记住，我们不要过早地把对方带入自己人生伴侣的位置去审视，不妨先从做朋友开始，了解对方的性格、生活和规划，抓住两人间的共鸣，在这之上再慢慢加深你们的连接。

这种循序渐进的方式，有助于我们了解到更真实的对方。关于这一点，在后续章节中会具体展开。

第三，社交加法心态。如果我们单纯为了恋爱才去社交，那就是在做减法，因为我们的心态是这样的：前面认识了 50 个人，但最终我也只会和 1 个人稳定恋爱，那其余的 49 个人就是白认识了，就算浪费时间了。

过去，豆豆在相亲时就常会觉得"见这么多人到底有用吗？好像她们也不会和我步入婚姻殿堂，这一周的时间又白白浪费了"。

但是，如果转换一下心态：我认识的每一个人都是我自己欣赏的、愿意结交的，那就算只认识了一个人，我也在为我的社交生活增值，这就是在做加法。

这个心态的调整给了豆豆很多动力，让他在交往中更投入当下，去感受和了解对面的人是不是一个可以结交的朋友，这次见面是不是能够给自己当下的生活带来滋养和快乐。

豆豆意识到，不是每个人都需要进入他的恋爱生活，有些人可能成为他的朋友，有的人仅仅是愉快的聊天对象。这种心态让他更放松，也更能享受与人互动的乐趣，不再将"没能谈成恋爱"看作失败或浪费时间。

在这样的心态下，豆豆在相亲中结交了几个虽然不适合谈恋爱，但可以做朋友的异性。更妙的是，这些新朋友带着豆豆参加了她们的社交活动，豆豆因此自然地拓展了自己的社交圈，最终在新的圈子中遇到了自己的另一半。

前文提到的松弛和愉快的心态，不仅适用于暧昧期，在恋爱后甚至婚姻中，都是非常重要的润滑剂。这样的心态可以减轻关系和生活中责任与义务的沉重感，给彼此更多内驱力携手走下去。

接下来的内容，会带着你一点点了解更具体的社交策略。

社交策略一：让爱好叠加社交属性

在前文中，我们已经明确了社交的目标和社交的心态。接下来，我们来聊聊几个具体的社交策略。

我们可以通过以下三个关键点，看看如何从自己的优势和兴趣出发，和更多潜在对象建立联系。

1. 让兴趣爱好增加社交属性

脱单这件事需要我们发挥主观能动性。但是，为了脱单而去认识人，对很多人来说却有巨大的阻力：最近工作忙，再说吧；这周有点累，再说吧；今天懒得化妆，再说吧……

那么到底是什么在阻止我们呢？

这些阻力一般源于一个误区，就是把认识他人当作机械性的任务。

很多人认为认识他人的方法就是逼着自己去用交友软件，去参加各种相亲活动，或者去其他各种自己不喜欢的社交场合。于是，他们经常这样抱怨："每天工作已经很辛苦了，还要刻意去和人聊天，太累了。""我在交友软件上遇到的人都不靠谱，很多人都是来'钓鱼'的。""每次去相亲活动感觉自己就像一棵白菜一样被人挑挑拣拣，好尴尬啊。"

如果我们把认识他人这件事当成一个机械性的任务，逼迫自己去完成，自然就会产生沉重的心理负担。

一旦我们的心理负担大于收获和享受，那我们迟早油尽灯枯，绝对持续不下去。这样又怎么可能保持一个好的状态，吸引到潜在的优秀对象呢？要解决这个问题，我们只要稍微调整一下思维，调整社交策略，就会有完全不一样的体验。

旧思维：为了脱单去社交是一个沉重的任务，需要我们分出很多时间，花费额外精力去完成。

新思维：脱单社交并不是一件目的性非常强的、迫不得已去做的事情，而是我们本就有的精彩生活的一部分。

我们的目标：只要对原有的生活方式进行一些小小的调整，就可以根据自己的特点轻轻松松地创造出一个有利于脱单的环境，自然而然吸引到更多潜在的对象。

那应该怎么做呢？

首先，如果你已经有了固定的爱好，那么可以思考一下如何让它们变得更有社交属性。

列出你的爱好，这些爱好不需要"高大上"，只要你喜欢就行。

我们可以随意列 3~5 个。

叶子首先能想到的三个爱好是读书、打羽毛球、看话剧。

接下来，思考如何能让这些活动变得更具有社交属性，可以让叶子在做这些事的同时有机会去接触新人。比如，叶子爱读书，她可以加入当地的书友会或参加图书馆举办的读者交流活动，这样她不仅能享受阅读的乐趣，还能遇到志同道合的朋友。

对于羽毛球，叶子可以搜索附近的运动群组，参加羽毛球社的活动。体育活动是打破初次见面尴尬的绝佳方式，运动中的叶子自信且活力四射，更容易吸引人。

至于看话剧，叶子可以在网络论坛或社交媒体上找到同好群组。这些群组常常组织集体观剧，既能让人享受艺术，又可以提供社交机会。

你可以把你的兴趣爱好都写下来，看看哪些能带给你认识人的新灵感。

2. 理解自我的积极面和消极面

人类在不同的场景下可能表现出截然不同的性格侧面。

心理学研究与观察表明，一般我们在迫切地想要做到最好时，反而会表现得更糟糕。这并不是因为我们不够优秀，而是因为在面对高压时，我们会下意识地感到紧张与笨拙。而这些感受会影响我们的发挥，"封印"我们的能力，或是让我们用力过猛。这也是为什么有些人在朋友面前自然大方，在喜欢的人面前就一下变得紧张又别扭。

叶子在朋友圈中表现得很风趣，在工作中也是个雷厉风行的决策者。然而一旦面对自己不熟悉的异性时，叶子就会变得异常木讷和羞涩。她的这种窘态不止一次让原本看起来对她有好感的男性望而却步。

在咨询里，我仔细分析了叶子的积极面。在这一面中，叶子开朗、幽默、细致，同时又有决策力。但这样的一面，只有在工作中或是和朋友在一起时，也就是在叶子熟悉的环境中才能展露出来。而在和陌生人单独相处，尤其在和异性单独相处时，叶子完全忘记了自己也可以游刃有余，反倒更容易展现自己的消极面，变得紧张、别扭又羞涩。

既然不同的环境可以激发我们不同的性格侧面，那么可以思考一下，在哪些情境或者场合下你能展现出最好的自己？在哪些情境下你会感到不自在甚至失态？

你可以写下自己的答案。

3. 把积极面与社交属性结合

最后，需要我们联系自己的积极面，去思考如何通过兴趣社交更自然地展示自己的优势面。

经过讨论，我们觉得叶子可以将羽毛球场作为社交的主场。在这里，叶子自在且魅力四射，能轻松展示她的优势面。

叶子先加入了线上的约球社群，用微信与其他球友聊天，通过这种低压力的方式熟悉彼此。约球的时候，叶子邀请线上认识的新朋友和自己的老友一起打球，通过有老朋友在场的集体活动，自然地减轻与新朋友单独相处的尴尬。

在这个过程中，好几个男孩对叶子在羽毛球场上的表现印象深刻。当他们单独约叶子外出时，叶子还是担心自己会觉得别扭和紧张，给对方留下不好的印象。我鼓励她大方赴约，坦然做自己就好，因为对方已经在球场上看到了热情洋溢的叶子，单独相处时如果叶子表现出羞涩，说不定对方会因为她的"反差萌"而更加喜欢她。

通过将兴趣爱好与社交相结合，叶子不仅让自己和更多人建立起了联系，还找到了展示自己多面性的舞台。

通过叶子的经历，我们可以看到展示时机的重要性。如果第一印象良好，两人建立了初步的好感后，后续展现出的小缺点甚至可以变成吸引对方的"反差萌"。

但如果对方对我们的第一印象是偏向负面的，可能后续也没兴趣继续了解和见证我们的闪光点了。

通过诸多案例的观察，我们发现，比起传统的社交模式，通过兴趣爱好社交的好处有以下几点。

第一，更自然地加深两人的连接。让爱好叠加社交属性，可以帮助我们平衡在社交和爱好上花费的时间，让我们在认识新人的同时也可以做自己喜欢的事。

此外，有研究表明，我们对和自己相似的人更容易产生好感，在共同的兴趣加持下，我们会更容易遇到互相喜欢的人。

第二，对彼此的性格与三观有更切实的了解。一个人平时喜欢做什么，也侧面反映了这个人的生活观和价值观，例如喜欢的书籍、电影、话剧，包括艺术作品，都潜藏了这个人对生活的见解。

而另外一些爱好，例如旅游、极限运动，抑或是在家里打游戏、玩桌游，都或多或少透露了这个人的消费观、生活节奏和偏好。

这些信息能让我们更切实地看到对方是什么样的人、想要什么样的生活。

同时，当我们带着好奇心、兴趣、开放的心态去体验活动时，我们反而会更放松、更有魅力，也给别人更多机会接触到真实的我们。这对构建关系来说，会是一个很好的开局。

第三，以兴趣为中心的社交方式不仅可以减少压力，还能让我们在舒适区内展示最佳的自己。例如，一个喜欢打网球但性格内向的人，在餐厅和相亲对象吃饭，可能会很拘束或尴尬；但在球场上，他可以自然地和他人互动，打球的间隙也可以主动和对方展开对话。

我们在专心致志地享受自己擅长的事情的时候，最能散发出属于自己的独特魅力。

第四，精进技能水平，在社交的同时自我提升。在兴趣上花的时间也可以让我们提升自己的技能。

用一位来访者小蓝举例，他本身是不太擅长表达自己的男生，除了读书也没有其他的兴趣爱好。

为了提升自己的社交技巧，小蓝参加了一个读书交流会。在交流会中，小蓝学会了提炼书籍的精华内容，还慢慢锻炼了在陌生人面前表达的能力。这些经验和技能都在后续的恋爱道路中为小蓝创造了很多机会。

最后，在使用这些策略时，我们也需要注意以下几点。

第一，要考虑性别因素。如果你是女生，去参加女子健身课，可能就无法实现你扩展异性社交圈的目标了。

第二，避免过度安排。社交应该是轻松愉快的，而不应该成为生活的负担。不要把每一分每一秒都排满，这样反而会增加压力、减少乐趣。合理安排时间，确保活动不会侵占你的必要休息时间和个人时间。

第三，勇于尝试新的社交圈。如果你发现现有的社交圈并未给你带来感兴趣的新朋友，那么可能是时候考虑换一个圈子或是扩大自己的圈子了。

社交策略二：迅速拓展社交圈

前文提到的相亲，包括通过兴趣爱好进行的一对一社交，都需要较高的时间和精力成本，能遇到的人数量也是有限的。

如果你希望最大效率地提高自己的曝光度，接触更多的新人，那最好的方式就是去融入或者搭建一个新的圈子。但在探索新的社交圈时，许多人的第一反应往往是抗拒。

确实，从零开始寻找并融入一个新圈子需要投入大量的时间和精力，不仅需要了解圈子成员的背景和价值观，还要找到共同话题，以及克服心理卡点，很多人会觉得这是一件高成本的事情。

大多数人都喜欢和自己舒适区内的人社交。但在工作后，很多人的社交舒适区会越来越窄，大部分友谊都是从学生时代延续而来的。时间久了，我们会发现，身边来来去去都是固定的人，而且很多熟人都已经成双成对，自己也没什么机会遇见新人了。

在此分享两条策略，助你迅速打开新圈子。

第一条策略，利用已有社交资源

回忆一下，你是否认识那种社交能力强、善于组织活动的朋友？如果有，可以尝试重新与这位朋友建立联系。有时候，只要你主动去联系和维护一个朋友，就足以打开一片新天地了。

更妙的是，基于你朋友的人品和性格特点，他的社交圈已经是被精心筛选过的圈子，社交质量也更有保障。同时，有朋友作为介绍人，你可以更快地融入这个圈子。通过朋友的连接，你在初期也更容易和大家产生共同话题。

小玲这几年一直在断断续续地使用交友软件找对象，虽然与一些男生线下见过面，但都没能修成正果。

向我咨询时，小玲说自己对相亲平台已经产生了倦怠，希望能谈一场更自然、更有感觉的恋爱，但自己在现实中基本已经没有什么新的社交了，也不知道到哪里去遇见新人。

我和小玲共同制订了三步计划，逐步帮助她重建和扩展圈子。

1. 积极参与老朋友组织的活动

第一步要做的，就是和某一位或者几位性格开朗的老朋友恢复联系。

在这个阶段，我们不但要有日常的联络，还要积极主动地参加对方的线下活动。如果没有线下的互动，大家很容易随意聊了几天就又把彼此忘到脑后了。

小玲主动和社交生活丰富的老同学们一起吃了几顿饭，参与了几次他们的常规活动。在这样互动过几周后，这些朋友慢慢习惯了小玲的加入，每次有活动都会主动联系小玲，询问她周末的安排。

走到这一步，她就已经恢复了稳定的线下交际圈了。

2. 促进朋友间的互动

在这个阶段，小玲尝试主动牵线，介绍聊得来的朋友们互相认识。例如，她会邀请同事和大学时的好友一起参加小型聚会，让两个圈子的人有机会互相了解。

小玲这样做会给朋友们释放这样一个信号 —— 我对社交活动的态度开放，乐于接受新事物。这样，他们在圈子需要引入新人时，也会第一时间联想到态度开放的她。

小玲也体会到了这个方法的好处。圈子中一位只和小玲见过一面的朋友，在他们的滑雪旅行计划缺人的时候，第一时间想到了小玲。这场滑雪旅行让小玲接触到了很多新朋友。在三天的滑雪旅行中，大家泡澡、喝酒、玩桌游，一下子拉近了小玲和大家的距离。同时，小玲还体验了滑雪的快乐，发展了新的爱好。

3. 明确表达交友目标

在小玲和几个圈子都熟悉之后，我鼓励她明确择偶框架，主动和朋友提出希望他们帮忙介绍对象。

在轻松的社交环境中，小玲开玩笑般地提起自己希望遇到的伴侣类型，希望朋友们帮忙留意。因为朋友已经熟悉了小玲的为人和性格，也感受到了她对社交的态度比较开放，所以开始积极主动地帮她张罗了起来。

通过这三个具体的步骤，小玲不仅重新激活了与老朋友的联系，还通过朋友的交友网络，逐步让自己曝光在有更多有潜在对象的环境中。

在这个过程里，小玲并没有像相亲时那样被审视和估价，而是玩着玩着就遇到了缘分，最终在一次朋友组织的滑雪旅行中遇到了自己的伴侣。

第二条策略，成为活动的组织者

如果你想更高效地拓展圈子，快速筛选和接触更多潜在的人选，不妨试试挑战高难度：成为活动的组织者。

组织活动是个绝佳的曝光机会。作为活动的组织者，你就是信息的流通中心，不仅能大大提升自己的曝光度，还能与每一位参与者非常自然地互动，了解和发掘感兴趣的对象。

比如，你热爱旅行，就可以组织一场短途旅游；喜欢试吃新店，就可以在网上发起试吃活动；对滑雪感兴趣，就可以主动发起"拼团"；喜欢看展，就可以在朋友圈或其他社交平台上召集同好一起参观。

在执行策略时，需要注意两点。

第一，不要变成隐形工具人。组织一个活动是非常耗时且耗力的事情，很多组织者一门心思地张罗琐事，根本没有心思和时间去和大家互动，这就偏离了运用这个策略的初衷。

第二，学会分工合作。我们可以找几个靠谱的朋友一起分工合作，这样不仅可以减轻自己的负担，也会让大家更有归属感，让整个组织更有凝聚力。

小 B 是一个比较内向的男生，去年他对室内攀岩产生了兴趣。一开始小 B 会单独联系每个朋友，问他们要不要一起去攀岩。但每次单独约又很麻烦，于是小 B 为了偷懒，建了一个攀岩群。这个群一开始只有小 B 和他的四五个朋友，但是随着时间的增加，朋友的朋友也开始被拉进群里，有的时候大家在攀岩馆认识的新人也会被拉进群里。

每次小 B 想去攀岩的时候就会在群里喊一声，大家看见信息后有空就会一起去攀岩馆碰面。小 B 还会接送没有车的朋友。

3 个月后，小 B 的群里已经有 40 多个人了，而且基本群里的每个人都和小 B 有过一对一的互动。

慢慢地，群里的大家也开始举办别的活动，比如一起烧烤、滑雪、玩桌游，而通过参加这些活动，小 B 又认识了新的朋友。

他的社交生活和之前相比有了天翻地覆的变化。

最近，小 B 在和新圈子里的人玩密室逃脱时，认识了一个女孩，两人的兴趣爱好和性格都很合拍，在进一步了解之后，两人在跨年时确认了恋爱关系。

走出舒适区、扩展社交圈最大的好处就是，当我们掌握了这个技能后，扩展的并不只是一个圈子。事实上，每一个新圈子都会带给我们新的、无限的社交可能性，而缘分就藏在这些可能性的背后。

如果你苦于没有渠道遇见新人，不妨试试这两个方法，也许你会发现，马上就会有一个全新的、更有趣的圈子。

最后，给社恐的小伙伴提供一个小技巧 ——利用曝光效应。

心理学上有一个词叫曝光效应，指重复接触可以增加彼此的好感度。哪怕从来没有说过话，我们仍然会更喜欢见过很多次的熟悉面孔，而不是陌生的面孔。

在脱单的社交过程中，见面次数越多，彼此喜欢的机会也越大。就像一些偶像剧里演的那样，男主和女主经常坐一辆公交车，慢慢地就看对了眼，这也是有科学根据的。

这个理论告诉我们，打开社交圈这件事，需要努力，但也不要用力过猛。

很多人为了拓展圈子，会逼着自己去各种地方，和不同的人打交道。这固然勇气可嘉，但事实上这样的走马观花不仅会让自己心态疲惫，对脱单结果也未必有什么助益。

根据曝光效应，我们只需要融入适量的、特定的、喜欢的圈子，在有潜在对象的环境里多出现、刷一刷存在感，就有可能在不经意间吸引到别人。

比如，我的朋友小莉是一个内向的女生，平时并没有那么喜欢社交。她和她的先生就是在流浪动物救助中心当志愿者的时候认识的，在这个温暖的小圈子里共事了半年后，两个人自然而然地走到了一起。

这样一想，你在心态上是不是就轻松多了呢？

社交策略三：只选择适合自己的圈子

前文介绍了很多种以脱单为目的的社交方式，很多读者可能依然会迷茫：我应该从哪种方式切入呢？

接下来，我会带你了解圈子的差异性和不同圈子的利弊两面，以便你根据自己的特点去挑选适合加入的圈子，帮你更高效地扩大择偶范围，提高遇到合适对象的概率。

先来给大家介绍几种常见的圈子之间的差异。

圈子类型

1. 强吸引和弱吸引

强吸引的圈子： 成员互动频繁、关系紧密。

这种圈子的好处是可以让人们深入了解彼此，建立深厚的友谊和感情；坏处是需要投入大量时间和精力，认识新人的机会较少。这个圈子适合内向慢热、了解自己兴趣并愿意长期投入的人。例如排球校队，队员固定、互动多，彼此之间有深入的了解。

弱吸引的圈子：成员流动性大。

这种圈子的好处是短时间内能够见到更多人；坏处是需要在短时间内给对方留下好印象并获取联系方式，因为对方可能下次不会出现。适合热爱社交、想快速认识很多人且需要节省时间和精力的人。例如，健身房团课，参与者的流动性大，每次都有新面孔，认识新人的机会多。

2. 主动聚集和被动聚集

主动聚集的圈子：成员主动参与，社交意愿高，更容易开启对话。舞蹈班、兴趣小组就是典型的例子，大家都因为共同的兴趣而来，社交意愿高。

被动聚集的圈子：成员因为某些目的不得不聚在一起，社交意愿低，深入交流难度大。例如大学里的大课和部门团建，虽然人数多，但大家的主要目的是学习或工作，社交意愿较低。大学时，一节大课有 200 多个人一起上，结课时你连大部分人的脸都认不得，更别提跟他们有过 5 分钟以上的交谈了，这叫作被动聚集。因为上课而不得不聚在一起的人群，他们没有想要通过社交去认识他人的底层共识。在这类场合里，想要脱单的成功率就不会很高。

我建议你更加积极地去找那些主动聚集的圈子，比如城市的演讲俱乐部、骑行俱乐部等。参加这些活动的人知道自己为什么而来，他们一方面享受活动内容本身，另一方面会自带社交期待 —— 期待遇到有意思的人并分享活动的快乐。

最佳人数选择

（1）**一对一活动**：这类活动更适合那些外向、热情、主动积极的人。比如两人打球、吃西餐、私人影院观影等，这类活动能让他们有更多机会展示自己的个性和魅力，同时也能与对方建立更深的联系。如果一对一的直接沟通让你觉得胆怯，可以试试小规模活动。

（2）**小规模活动（2～6人）**：这类活动更适合慢热、胆小、容易害羞的人。在小范围内，既可以适时展示自己的魅力，又不会感到有太大的压力，比如球类四人双打、集体打卡美食餐厅、桌游活动，在这样的环境中，你进可攻、退可守，感觉上会更舒适。

（3）**大规模活动（10人以上）**：这类活动适合外向、热情、积极的人。在大范围内更容易展现自己的社交魅力，比如10人以上的跟团旅游、50人以上的集体活动。不过，人数越多脱颖而出的难度就越大，对社交能力的要求也越高。

活动载体的类型

（1）**高专注型活动**：需要对活动本身高度热爱和专注，无法同时进行社交。音乐剧、舞剧、竞技体育就是典型例子，活动本身占据了人们的大部分注意力，社交机会有限。

（2）**分享感受型活动**：活动过程安静，活动结束后可以自然地交流。比如观影和陶艺制作，虽然活动中不便交流，但结束后可以分享感受。

（3）**高社交属性活动**：可以在享受活动的同时进行社交。剧本杀就是一个好例子，参与者可以边玩边聊，自然地进行社交。

（4）**以社交为目的活动**：这类活动高度依赖交流能力和情商。酒会、同学聚会就是这样的例子，这类活动纯粹为了社交而举办，需要较强的沟通能力。

聚会身份认同

圈子的身份认同很重要，我们可以根据自己的择偶标准选择圈子。比如，如果你对伴侣的学历有明确要求，可以选择加入海归留学群或母校校友圈，这样可以提高筛选效率。

以上分别讲了强弱吸引、主动与被动聚集、最佳人数选择、活动载体类型和聚会身份认同。在利用有限的时间和精力选择圈子之前，可以从这几个方面去客观地评价这个圈子的属性，做出适合自己的选择。

牢记一定不要在前期过于乐观地估计自己的可支配社交时间，参与过多圈子的活动，导致自己的生活和工作受影响。

　　在真实社交活动中，我们需要主动选择，是进入某个圈子的核心团体，还是仅仅作为外围人员偶尔参与活动，这就是控制社交成本。

　　打开你的圈子，让自己习惯一步步地和陌生人社交，搭建一个基本的社交系统吧。

第三章

我如何才能吸引那个他

好看的人才配拥有浪漫爱情吗

我们的吸引力从何而来

释放可得性：得不到的不一定是最好的

情感记忆：属于你的独特魅力

我们喜欢一个人，很多时候看似没有逻辑可循，但其实每个人都有一张属于自己的吸引力地图，清清楚楚地告诉自己为什么容易被某个人吸引，以及哪些吸引力有利于长期关系的发展。

吸引力地图包括四个方面：外表、相似性、可得性和情感记忆。

在这一章里，我会和大家聊聊这四个方面分别代表了什么，又会如何影响人和人之间的吸引力。

在择偶期间，我们不但可以利用吸引力地图了解自己，更好地看清自己的喜好，还可以用这张地图观察他人，从多方面去创造二人之间的吸引力。

好看的人才配拥有浪漫爱情吗

首先，我们来谈谈外表。

如果我们感受到与某人相处对我们有益，就会期待与他相处，这也是吸引力的基本原理。从这个原理来看，我们自然会被外形条件好或各方面资源和能力优秀的人吸引，因为优秀的外形和条件可以给我们提供直接奖赏。比如，看到好看的人就觉得赏心悦目；优越的物质条件则可以转化为一些直接的好处，如金钱、地位和礼物。

然而，从长期的角度看，稳定的关系需要遵循互惠互利的原则。如果自身条件与对方差距较大，关系就容易出现问题。相互匹配的关系才能更长久、稳定。

这种匹配并非需要每方面都价值相当。我们通常会用自己丰富的资源，去交换自己稀缺的资源。

下面，我们展开聊聊很多人在择偶方面非常关心的问题：外表在一段关系中的权重到底有多大？

有人认为，好看的人才有青春。在我们的直观感受中，外表常常是决定吸引力的重要因素。我的一位女性朋友觉得外表才是最重要的，因为她遇到的男生都是视觉动物。同样，很多男生也会担心，是否只有帅哥才会得到真爱，外表普通的男生只能成为"供养者"。

这个问题我们要从两个方面来回答。

第一个方面：外表重要吗？当然重要。

有研究表明，无论男女，都更喜欢相对年轻、面部对称、身材好的异性，这也是大众审美中的好看。用演化心理学的观点来说，这些外部特征表明了健康的身体和良好的繁衍能力，所以喜欢好看、健康的外形，是我们的本能。

赏心悦目的外表不但能吸引眼球，同时也间接反映了我们的自律、气质、审美、自我关怀能力等一些更深层的个人特质。

与其说大家喜欢漂亮的外表，倒不如说大家喜欢外表背后的这些特质，还有它们所代表的蓬勃的生命力。同时，还有研究证明，当我们看到一个长得好看的人时，大脑会自动觉得对方更有趣、性格更好。

因此，我不会跟你说注重外表是肤浅的。然而，外表条件只要过了一定的门槛就好，大部分人的要求其实都不会太苛刻。

我发现很多人对外表好看的定义比较狭隘，觉得五官精致、身材棒才有吸引力。事实上，外表吸引力既包括一个人的五官、身材，也包括其气质、神情、仪态、声音、气味等综合魅力。

相信你也经常有这样的体会：一个人在照片中看起来普普通通的，但是和真人接触起来，却发现他有一种说不出的灵动魅力。

其实在互动中，别人注意到的常常不是我们每一个五官的细节，而是给他带去的综合感觉是不是愉悦的、舒适的。

我有个朋友，她一直觉得自己的长相非常普通，也从来没想过自己有哪方面特别有吸引力。有一天下午一起喝奶茶，她伸手握住奶茶杯的时候，我不经意间一撇，竟然被她的手指惊艳到了 —— 纤长细软，柔若无骨。

当我把这个发现告诉她的时候，她却一脸茫然，她从来没觉得自己有什么特别。

然而聊着聊着，她说她回忆起一个画面：有一次和一个心仪的男生一起去书店，当她的手指拂过书架上的书时，她感受到男生的目光追着她的手游走了好一会儿。

那天下午我们聊了很多，我还发现她有特别美的天鹅颈和出色的头身比例。而她却一直不知道自己的魅力优势，也就自然不知道如何去展现这种优势。这些本可以大放异彩的女性魅力，就如同沙漠明珠被雪藏多年，非常可惜。

很多时候，你并非缺乏魅力，而是缺少对自己的观察和审美能力，没有及时挖掘自己潜在的魅力，更不懂得怎么去展现它们。

就像我朋友的例子，除了五官，我们还可以从很多方面入手，观察自己，挖掘自己外在的亮点，去展现独特的动态魅力。

所以，如果你从小到大都没有在变美这件事情上下过功夫，那只要你想尝试且有执行力，就会有很大的提升空间。

这里讲的提升外表并不是鼓励大家去整容，或是用对自己身体有害的方式让自己改头换面，而是鼓励大家在保持健康的基础上通过锻炼、护肤、换个发型或穿搭等方式，让自己的外表贴近自己自然且最好的状态。

另外，外表之所以是择偶中比较重要的一环，是因为第一次看到一个人的时候，外表是我们能够最快读取的信息。

第一眼的吸引力有时候决定了对方有没有想继续了解你的欲望。这也是为什么在交友软件横行的当下，外表显得比过去更重要。很多时候我们接触一个人的途径，只是在交友软件上看一眼照片，而在那一眼中，外表会是我们最先读取的信息。

很多人会在社交平台上疯狂发自拍照，希望能最大限度地利用外表的吸引力。但值得注意的是，社交网络形象建设远远不是只要好看就行。别人还会根据你展示的其他信息，来判断你适不适合成为自己的伴侣。如果你一天到晚只会发自拍照，这种单调而赤裸裸的展示外表的方式，反而会让你错过想认真发展长期关系的对象。

我们可以检查一下，如果展示的形象中，外表成了主要吸引力，那么我们很容易遇到短择关系。

展现资产也是同样的道理。如果你展示形象主要通过钱和资产，那么也很容易吸引到以钱为目标的短择关系。

如果想要一段认真的长期关系，就要在社交网络上打造一个立体丰富的 3D 形象。尽量向对方展示一个全方位的、立体的你，包括但不限于你的外表、能力、生活热情、兴趣爱好、思想，还有社交圈。

第二个方面：外表虽然重要，但远远不是吸引力的全部。

爱情中的吸引比单纯的视觉刺激复杂得多，我们很多时候都会高估外表的作用。

在心理学中，有一个叫作"刺激—价值观—角色"的理论（见图 3-1）。

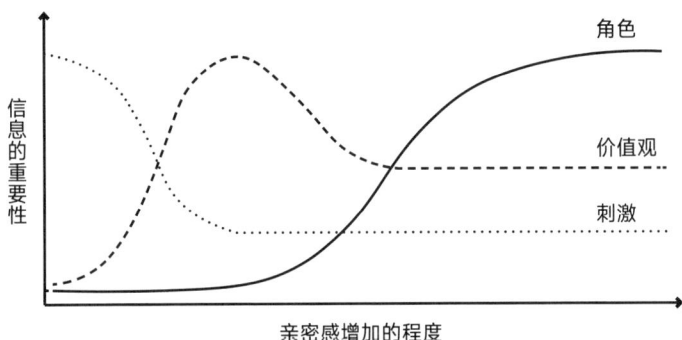

图 3-1　"刺激—价值观—角色"理论

在这个理论中，关系不同阶段的吸引力来源也不同。

在关系的最开始，两人的吸引力主要建立在刺激的基础上。这个刺激，包括相貌、谈吐、资源等显著特征。

但随着关系的推进，刺激带来的吸引力会下降，关系会慢慢进入价值观阶段。在这个阶段，吸引力取决于两人有没有相似的生活习惯和三观。比如，两人对社会事件的看法是否一致、有没有共同的兴趣爱好，或是对家里整洁度的要求是否相似，等等。

而再往后，两人角色的相容性会变得更重要。最后这个阶段我们会开始在意彼此未来想要定居的城市、两人的职业规划、关于子女的养育，等等。

这也是为什么很多长得漂亮但是脾气不好的女孩，会在关系前期被对方猛烈追求。而一旦两人确认了恋爱关系，如果女生还一直很难沟通，对方慢慢会觉得两人的三观不匹配，最后两人还是会分手。

外形和金钱的刺激是直观的，可能会第一时间激发人的欲望，但没有人可以长期维持消耗性的关系。最终让人愿意停留在一段关系中的，常常是接触过程中获得的良好互动感受和积极的自我评价，这是深层次的、更长久的吸引力。

就算外表不够出挑，但如果与我们的相处能够让对方拥有积极的自我评价，让对方把积极的感受和我们联系在一起，那么我们在对方眼里也可以成为"情人眼中的西施"。

那么，我们要怎么做，才能创造良好的相处体验，建立更深层次的吸引力呢？

这就要来聊聊吸引力地图的其他三个方面了。

我们的吸引力从何而来

吸引力地图中的第二个方面是相似性。

相似性导致喜欢，是吸引力产生的一个常见情况。相似的家庭背景、性格、个人经历更容易塑造三观和信念相似的人，这些人也更容易相互产生吸引力。

原因也不难理解，因为经历、价值观和信念相似的人，不仅相互之间沟通更轻松，也更容易相互认可、包容、接纳；和相似的人在一起，会让我们更加欣赏自己，这对我们的自尊和自信也会起到正面强化的作用。

这也是为什么很多人会觉得门当户对是一件很重要的事，这不仅是物质条件上的相似，也是成长经历和三观信念上的相似。

那么，在相识初期，大家对彼此了解不深的时候，又该如何快速抓住两人的相似性，拉近距离呢？

可以用两个方法来增加彼此的相似性。

第一个方法：使用相似的措辞。 语言是揭示我们思想的一种最直接的方式，我们的遣词造句会直接影响别人对我们的印象。如果你仔细观察，会发现家人和好朋友之间通常会使用一些共通词汇，这样的情况在兴趣圈的同好间也十分常见。

当两个陌生人相处时，我们很难一下抓住彼此的共同点。这个时候，可以先营造另一种相似性：我会关注你关注的事情，我对你想聊的内容感兴趣。这种关注会让对方快速地产生一种初级的安全感——"我身边的这个人在乎我的想法，也在乎我"。

我们可以用回声技巧来迅速抓住关键词，创造两人之间的共通词汇。

这个技巧强调倾听方选择性地重复当事人给出的关键词，鼓励当事人给出更多信息。

在对话的过程中，我们可以抓住对方话中的关键词，用回声技巧重复出来，然后进一步延伸话题。当我们重复对方讲话中的关键词时，对方会感觉自己在被认真地倾听；两人说同样的词汇，也会让对方在潜意识里觉得两人是同频的。

找我咨询的女生朵朵，就善用了回声技巧，快速拉近了自己和喜欢的男生的距离。

朵朵和男生是通过社交平台认识的。两人第一次见面约在了公园，朵朵发现男生的注意力经常被路过的宠物狗吸引。朵朵主动问起男生是不是喜欢宠物狗，男生给予了她肯定的回答，并聊到自己家里有一只马尔济斯犬。

朵朵虽然不太了解宠物狗，但还是抓住了"马尔济斯犬"这个关键词，顺势说自己很喜欢马尔济斯犬这种可爱的小狗，姑姑家也养了一只，询问男生养狗每天需要做些什么。男生聊到每天都要花40分钟遛狗，朵朵又抓住了"40分钟遛狗"这个关键词，顺势提问了马尔济斯犬的运动量和习性，而后又自然而然地延伸到了男生平时的生活状态、业余爱好等，话题过渡非常流畅。

在约会的结尾，他们还约好周末一起遛狗，就这样两人敲定了下一次约会。

在前期约会中，我们可以善用回声，抓住对方话中的关键词，表达你的兴趣，创造你们之间的共同话题。

当两个陌生人发现彼此都感兴趣的话题时，会迅速产生一种"我们原来有相似之处"的共鸣。这种共鸣会让对方产生两人可以同频的安全感，快速拉近两人的距离。

第二个方法：善用肢体语言的相似性。和遣词造句一样，肢体语言同样会暴露我们的生活背景、行为习惯和性格特点。尤其当我们在一个陌生的环境中时，潜意识的肢体语言会第一时间暴露我们对这个环境的感受，比如是放松还是紧张。这时，如果观察到对方和我们有相似的肢体语言，我们会下意识地觉得双方对当下的环境有相似的感受，从而觉得亲近。

拿眼神交流来举例。很多来访者处在初期约会阶段时，都会询问关于眼神的问题：在前几次相处时，如何正确地把控眼神交流频率？

这个问题的答案就是去匹配对方的节奏。如果你察觉到对方喜欢眼神交流，比如他在聊天时经常直视着你，那不妨大胆地回应对方的目光。但如果对方比较拘谨，眼神不太经常落到你的脸上，那你也可以减少眼神的交流，让对方觉得更自在。

肢体接触也一样。

在约会时，我们可以观察对方，如果对方展示了一些肢体语言上的推进，比如某次约会走路时离你更近了，或是帮你摘下了脸上的东西，那么我们可以通过同样的方式，例如也在走路时离对方近一点，或是在不经意的时候碰碰对方的手、肩膀、脸，来回应对方的推进。

这样，对方会意识到你接收到了自己的信号，并对自己抱有同样的兴趣。两人之间的这种小默契，会让你们的关系快速升温。

但如果我们在尝试推进时，发现对方并没有给我们同样的反馈，比如靠得离对方近了一点，但对方并没有进一步拉近距离，或是反而往旁边移了一下，那我们就可以就此止步，不要再有下一步动作了。

在这种情况下，我们要及时刹车，让对方意识到我们不会贸然越界。这种尊重也可以让对方在和我们相处时产生安全感。

最后，聊一聊相似与互补。

这也是颇有争议的问题，有人说要相似，有人说要互补。相似和互补到底哪个重要？

其实这两者并非非此即彼的关系。我们看到的互补型伴侣可能会有以下三种可能。

（1）两个人相互需要，对对方的期望正好是互补关系时，就会产生强烈的吸引力。比如，一个爱听，一个爱说，我帮你排解了无人倾听的寂寞，你帮我满足了被倾听、被关注的需要。

（2）对事情有一致的信念和期望。比如，在恋爱里，支配型男人和顺从型女人之间往往有吸引力，因为他们对男女角色的信念和期望是一致的，认为男性应该支配，女性应该顺从，他们的底层信念相似。当两个人的角色作用不同时，我们会喜欢那些行为与角色相符的人。

（3）在对方身上投射了理想自我。在这种情况中，我们会喜欢那些与我们的理想自我相似的人。他们可能会拥有我们希望得到但并不具备的能力。比如，常见的勤奋学生和调皮学生的组合，虽然两人看起来毫无相似之处，但勤奋学生可能在和调皮学生一起玩时发现了自己一直被压抑的童心，调皮学生在和勤奋学生一起努力学习时也发现了自己可以变得更优秀的一面。

事实上，好的长期关系，尤其是婚姻关系，就好像合伙开公司，需要有相似的长期利益和目标，同时又各有所长、各司其职，才能维持家庭这个系统的有效运转。

简单来说，幸福的伴侣一般符合三观相似、能力互补这条规律。

如果双方有不同的技能，而且双方都可以在彼此擅长的领域发挥特长，那么对方的能力就可以弥补我们的不足，这时，互补性就会变得格外有吸引力。

举个简单的例子，情侣一起去露营，两人中有一个人不太会处理食材，另一个人不太会搭帐篷。在这种情况下，我们可以主导自己更擅长的那部分，让对方来打下手。

有相似的目标：完成一次露营。

有不同的技能：一个人搭帐篷，一个人处理食材，在这个过程里完成共同目标，且感谢和欣赏彼此的技能。

这就完成了一次愉快的露营。

在这里，我们要注意，能力互补可以带来快乐的前提，是双方都可以主导自己的优势项目，发挥自己的特长。

同样的情况，如果你和伴侣去露营，虽然你不擅长搭建帐篷，但你一定要主导这个过程，对伴侣指手画脚。那么可以预见，这个过程不但不会顺利，还会引发争吵。

所以，想利用好互补性，我们一定要牢记以下三点。

（1）双方的目标和需要是一致的。

（2）用自己的长处去弥补对方的短处，让彼此的收益最大化。

（3）在对方操作自己更擅长的项目时，要给对方主导权，我们可以做一个热情的协助者。

释放可得性：得不到的不一定是最好的

吸引力地图中的第三个方面是可得性。

先问大家一个问题：假设你正在参加一场社交活动，有一个问题你可以向在场的两位异性请教。其中一位外貌出众，但对所有人都爱答不理；另一位长相尚可，同时眼含笑意，听他和周围人聊天，让人感觉如沐春风。你会更倾向于向哪位搭话呢？

从这个问题里，我们就看出可得性的重要性了。

简单来说，可得性可以理解为"我能让你喜欢上我的可能性"。而在网上，很多人把可得性直接理解为"随便""廉价"，这实在是一个很大的误解。

事实上，我们都很害怕被拒绝，被拒绝对任何人来说都是一种痛苦的体验。在恋爱中，能否被对方欣赏和接纳，是很多人会认真思考的问题，所以，我们也会本能地亲近向自己释放善意的人。

朋友薇薇就遇到了这样的困扰。

她是一个各方面条件都不错，性格也大方的女孩。但不知为何，很少有男生对薇薇表达好感。每次薇薇遇到心仪的人，也总是因为不确定对方的心意，而不敢盲目推进，最后错失机会。

在了解了薇薇的社交模式后，我发现了问题所在：事实上，并非没有男生喜欢薇薇，而是因为薇薇很少释放可得性，所以大部分男生都望而却步。比如每当有男生对薇薇示好时，薇薇都会因为害羞紧张，而客气地推拉两句，或者拒绝几次再答应，这往往让男生觉得被泼了一盆冷水。等薇薇回过头来想要接受男生好意的时候，男生的热情已经消退了。

向我咨询后，薇薇调整了模式。在面对喜欢的男生时，她懂得了及时续上暧昧的火苗，大方接受对方的好意，也回应自己对对方的好感，于是，关系的火苗越烧越旺。

接下来，从三个方面来讲一讲该如何恰到好处地释放可得的信号。

第一，允许自己欠对方人情

女生小 A，长得漂亮，工作也很好，但是在谈恋爱这件事情上，她经常容易停留在暧昧阶段，没办法前进一步。

很多第一次见面就对她有好感的男生，在后续相处中都渐渐对她失去了兴趣。

她收到的反馈是：她太不容易亲近了。

小 A 非常困惑：我哪里不容易亲近了呢？我每次和他们交往都表现得很温柔，对他们总是很有礼貌，甚至每次吃饭都坚持和对方 AA 制，像我这么贴心、独立的女生不多吧？

在和她细聊之后，我发现了一个普遍问题。新时代下，像小 A 这样独立的女生越来越多了，独立本是一件好事，但有很多女生把独立意识过分地带入了约会和亲密关系中。她们在和异性的相处过程中，表现出来的是彻底的独立，从来不向对方求助，不接受对方为自己做事，不愿意对对方的付出表示感谢，不愿意向对方展现出自己需要对方。

同理，在这个非常强调独立的社会中，男性也经常担忧展现自己的需求是否会被贴上"软弱"的标签。

在这样的大环境下，很多时候关系中的两人会过分强调独立和自我，导致两人很难建立连接。

过分独立的表现在对方看来，其实是划清界限，是割裂两个人之间的连接，让对方觉得自己对你来说完全不特殊、不重要。而结果，就是把对方越推越远。

和其他人产生连接、建立亲密关系是我们的一种本能需求，而相互需要和相互付出，是产生连接的必要途径。就像有句俗话说的：交情都是麻烦出来的。

因此，在恋爱中，我们需要学会恰到好处地欠人情。这里的恰到好处，指的是对方有付出意愿时，我们要欣然接受对方的付出，让他们觉得自己的付出在这段关系中是合情合理的。

"知行一致性"的理论就很好地解释了为什么在关系中欠人情反而会拉近距离。这个理论指的是，我们总会尽力保持行为与信念的一致。比如在恋爱这件事上，如果我们发现自己愿意为某人做事不求回报（行为），大脑便会暗示自己一定是对对方有好感，不然不会心甘情愿地做事（信念）。

在有了这个想法后，我们的行为和认知又重新达成了一致。

当然，在关系中我们也不能只一味地接受。在后续的相处时，如果有合适的机会，我们也可以主动为对方付出来还人情。当然，如果这次约会没有合适的时机，自然地等到下次约会就好，不需要刻意创造契机。例如，这次的约会可以由一人请客吃饭，下次看电影时由另一人主动买好电影票，这样一来一回，两人的关系就拉近了很多。

在恋爱中，关系并不是以每次约会为终点，而是一直流动的过程。只要我们能在整个过程中让彼此的付出保持动态平衡，那双方都会有整体不错的感受。

第二，不吝啬表达你的欣赏

很多心理学研究都证明，相处的时候，如果对方让我们产生了对自己积极的自我评价，我们就会更喜欢这个人。

所以，在和对方相处的过程中，哪怕双方还没有确立关系，我们也要适当地向对方表达"我欣赏你，我很高兴你为我做了这些事情"。这是一种赋予对方价值，并加深双方之间情感连接的好方法。例如，对对方擅长的领域保持好奇心，主动去聆听对方的故事，适时地讨教，或向对方寻求一些小的帮助，又或者时不时地给对方一些展示自己的机会，并且不要吝啬你的夸奖。

做到这些，便可以让对方和你在一起的时候产生积极的自我评价，把"觉得自己很棒"的感受和你联系在一起，更愿意与你相处。

如果你不是很擅长夸奖对方，那么你可以记住下面三个小技巧。

（1）在夸奖的时候提及具体的事件，不要假大空。简单地夸奖很容易显得我们不够真诚。如果能在夸奖的时候提及让我们有这个感受的具体事件，那么不但能增加夸奖的真诚度，也会让对方意识到我们在关注他。

举个例子，比起"你好努力"，"我觉得你在上班之后还在坚持学习，这种努力的精神和提升自我的意识让我特别欣赏"就显得真诚很多。

（2）着重夸奖性格和品质。比起外貌，大家更喜欢被夸奖性格和品质，因为性格和品质涉及一个人更深层次的内在特征。

当然，如果我们确实觉得对方的外表出色，那么也可以表达欣赏。只不过我们可以尝试把外表和对方的品质关联起来进行称赞，对于一个既好看又乐观的人，我们可以说："你笑起来真好看，每次一看到你的笑容，我就感觉被你的乐观和活力感染了。"这样表达比单纯夸对方好看要好很多。

（3）夸奖对方最引以为傲的点。如果你对对方已经有了一些基础的了解，你可以抓住对方最引以为傲的品质去夸赞。很多漂亮的人反而更喜欢别人称赞他们的个人能力或聪慧的头脑；一些事业有成的人，反而希望别人称赞他们温柔体贴。

你可以观察一下：对方喜欢别人怎样看待自己？对方对自己的哪些特点引以为荣？你的夸赞越符合对方的理想自我形象，也就越能够走进对方心里。

第三，善用肢体语言

通过肢体语言释放更多可得性也很重要。

首先就是眼神对视。俗话说得好，"眼睛是心灵的窗户"。事实上不止如此，用人类学家海伦·费舍尔博士的话来说，就是"眼睛还是激发浪漫爱情的最重要器官"。有研究表示，眼睛的对视可以激发双方之间的暧昧气氛，也会大大鼓励对方主动靠近你。

如果在某个场合遇到我们感兴趣的潜在对象，最简单的方式就是和对方对视，释放出暧昧的信号。当然，不要一直直勾勾地盯着对方看，只要面带微笑，和对方进行短暂的正面对视就可以了。可以多微笑着进行几次眼神交流，这会瞬间拉近你们之间的心理距离，给对方释放很强的鼓励信号，吸引对方来跟你交流。

其次，我们在公开的社交场合，可以主动和他人交谈。

在眼神交流的基础上，我们还可以在社交场合保持一种开放的、轻松的姿态，多和身边熟悉、不熟悉的人温和闲散地聊天。这也会给我们感兴趣的人传递出一种鼓励的信号：你是一个性格温和、乐于交流的人，哪怕他冒昧地前来搭讪，你也不会让他尴尬到下不了台。这进一步给了对方靠近你的勇气。

如果你在聊天的同时，还时不时地和对方进行一些简单的眼神接触，对方就更会觉得你们之间有某种特别的缘分。这一切都释放了足够的信号让对方接近你。

通过上面三个方法，我们可以更有效地对喜欢的人释放可得性，让对方感受到我们的善意，创造愉快的相处体验，建立更深层次的吸引力。

当然，可得性也并非越高越好。可得性太高，可能会给我们招来"烂桃花"，或是让人觉得我们"饥不择食"，只是着急谈恋爱，而不是真心喜欢对方。这样反而会降低吸引力，让我们错过喜欢的人。

那么，我们该如何把握平衡呢？

释放可得性的正确方法，是只对你想吸引的人表现出兴趣。

有研究证明，那些愿意拒绝大多数人，却又乐于接纳我们的人，才是对我们而言最具有吸引力的未来伴侣。很多偶像剧就牢牢拿捏了大众的这种心态，比如打造出了"只爱自己的霸道总裁"这类让无数女生着迷的角色。

情感记忆：属于你的独特魅力

最后一节会讲述吸引力地图的第四个方面 —— 情感记忆。

为什么有时候我们会莫名地被某个人的一个细节或一个动作吸引呢？即便这个人并不是我们身边最好看或者最优秀的人。这种心动该怎么解释呢？

这就要说到吸引力地图的最后一部分 —— 情感记忆了。我们每个人的经历，会在潜意识中引导我们寻找具有特定特质的伴侣，追求特定的情感模式。

比如很多人对于自身家庭模式的期待，就源于他们原生家庭的经历，或是一些童年事件。我的朋友小王，他家是传统式家庭 —— 爸爸主外、妈妈主内，爸爸和妈妈配合得很好，家庭美满又和睦。长大后，小王就希望能像爸爸一样支撑起家庭，找一个像妈妈那样温柔、顾家的对象，组成自己的幸福小家。

另一个姑娘楚楚，有个温柔、心细的哥哥，小时候父母忙，都是哥哥照顾楚楚。楚楚长大后就对温柔、细心、顾家的男生特别有好感。

但情感记忆也会给我们带来一些负面感受，让我们想回避特定的关系模式。

男生北北在青春期的时候被妈妈管得很严，每天除了吃饭、睡觉就是看书，没有任何自己的空间。长大后，他就很希望能对自己的生活有掌控权，也很抵触在言语交流上会让他感到受压迫的女生。

女生可可的初恋是一个脾气很差的男生，两人时常爆发争吵，在最后一次争吵时男生直接把可可一个人丢在商场回家了。可可在后面的恋爱中，就会非常在意对方的脾气，害怕自己又会回到激烈的冲突中。

父母的相处模式和对待孩子的方式、儿时最好的朋友的脾气性格、之前的恋爱经历，都会慢慢变成我们的情感记忆。而在择偶中，这些情感记忆会塑造我们对特定特征的好恶。

一些看似毫无理由的好恶，背后可能就潜藏着一段尘封已久的情感记忆。

静下心探索一下自己的回忆，最好结合过去的恋爱经历，问一问自己：如果我要和一个人长期生活在一起，对方的哪些特点是在长期的生活中我最在乎的、让我非常受用的？

如果你没有恋爱经验，那可以从其他亲密关系的经历中思考，例如亲情、友情。在这些关系里，哪些对你来说是最珍贵的？哪些事件是你在未来的生活中想要避免其发生的？

以上，就是吸引力地图的全部四个方面——外表、相似性、可得性以及情感记忆。把关于这些的思考都写下来，慢慢绘制属于自己的吸引力地图吧。

第四章

暧昧期该如何约会

如何创造美好的初次约会体验
破解不同类型的约会密码
不要害怕暴露需求
约会结束后，如何做下一步决策

如何创造美好的初次约会体验

在这一章中，我们将讲述在暧昧初期会遇到的一些情况和相处技巧，给关系打造一个顺利愉快的开局。

本节讲述如何打造体验感极佳的初期约会。

在寻找人生伴侣这件事情上，除了客观条件的匹配，大部分人追求的是好的相处体验。

我们和他人的关系，很大程度是建立在情绪感受上的。我们是不是喜欢一个人，和自己当下的心情有很大的关系。

大家应该都有这样的体验：当心情愉快的时候，我们看谁都容易觉得顺眼；而心情不好的时候，觉得整个世界都欠我们什么。

同理，我们和一个人互动时，激发了对方什么样的情绪，会很大程度上影响对方对我们的感觉。只需要注重当下、注重此时此地，在和对方的互动中创造出让对方流连忘返的美好体验，爱情自然就来了。

如何创造美好的约会体验呢？

第一，展现可见优势

有位女性朋友曾经分享了她和男友的爱情故事。

两个人是一个医院不同部门的医生和护士，男生一直喜欢女生。但男生行事低调，生性腼腆，没有主动和女生推进关系。

一次偶然的机会，两个人同时被外派去一个病房工作，在团队合作的氛围下，男生在病房里展现的严谨、专业、细致，以及对病人用心和温暖的态度，让女生忽然就心动了。

在产生好感之后，女生开始尝试了解男生，慢慢发现男生对自己的专业非常有热情，共情能力很强，在生活中还很有烟火气，而这些本来就是非常吸引她的特质。

但是，如果没有那次共事的经历，她完全不会有深入了解男生的欲望，也就无法知道男生身上其实具备这些吸引她的特质。

所以，爱情的发生是需要一些机缘的，需要有那么一个瞬间来打动对方，让对方愿意更深入地了解我们。

"机缘"二字听起来很玄乎，似乎意味着只能交给命运。但其实，需要机缘不等于只能听天由命，我们完全可以基于对自己的了解，去主动创造机缘。

怎么创造呢？

在自然界中，鸟儿用歌声求偶，孔雀则会开屏以吸引异性；类似地，在人类社会中，展示自己的"有料"显得尤为重要。在约会中，我们需要找机会让自己的优势被对方看见，即展现可见优势。

"可见优势"不单单指我们的优点，关键在于"可见"。简单来说，就是要学会把优点从特质转化为行为。

当谈起自己的优点时，我们经常会用一种性格或一种能力来概括，例如温柔、冷静、阳光、聪明。但在相处时，我们需要把性格和能力转变为具体的行为，明白在什么样的场景下能够激发自己的优势，这样才能找到适合发挥的舞台。

比如，你是一个体贴的人，落实到具体行动上就是很会照顾人，而能展示你能力的场景也许就是一次短途野餐。你可以布置一次浪漫的野餐，带对方来一场"说走就走的旅行"，让对方在和你相处的过程中感受到你体贴入微的能力。

如果你的优点是聪明机敏，在玩密室逃脱时总是最先破解机关、发现线索，那也许适合你的约会就是一场惊险刺激的密室逃脱。你可以带对方突破各种机关，一路闯关走到最后。

现在你可以停下来想一想：

◆ 你的性格和能力的优势面是什么？

◆ 在过去，这些优势是通过哪些行为体现出来的？

◆ 对你来说，最佳的展示舞台是怎样的场景？

然后去选择一个可以自然展示你优势的约会场景。

看到这里，有人可能会担忧：如果对方选择了约会地点，这个地点完全无法展示出我的优势，那我该怎么办呢？

在这种情况下，我们可以选择展现一些大部分人都喜欢的共性特质。举个简单的例子。

场景：对方约你去打保龄球，但你完全不会这项运动。

在这种情况下，比起假装自己很擅长或者因为不懂而显得兴趣缺乏，不如坦诚地承认自己不会打保龄球（表现出谦虚），同时表达愿意学习的态度（保持心态开放，接纳新事物）。在向对方请教时，不妨夸夸对方，表达对他的欣赏。

示例对话：

"老实说，我从来没打过保龄球，但我很想学。你能教教我吗？看你打得那么好，真是让我佩服！"

你展现了开放的心态、谦逊的态度和欣赏他人的能力，这些是大部分人会喜欢的共性特质。

还有一些比较普遍的、能给人留下好印象的共性特质，比如倾听、共情、尊重、幽默等，这里不做展开。

在可见优势这一方面，最值得注意的是，你的可见优势决定了你会吸引有特定需求的人。

打个比方，如果一个女生展示出来的优点是温柔、体贴、会照顾人，那么她吸引到的对象大概率会一直期待在关系里被照顾。

如果一个男生展示的优点是有耐心、脾气好、有求必应，那他吸引到的女生在恋爱后，也必然还是会期待这个男生有同样的情绪包容力。

所以，在展示自己优势特质的时候，要考虑这个特质是否真实，在生活中是否可持续。

有很多人一开始为了吸引对方，会想要迎合对方的喜好包装自己，这样的技巧在短期内可能奏效，但因为这不是你真实的特质，在长期关系中不可持续，两人的关系也会随之崩盘。

第二，重视约会环境和约会状态

初期约会的体验好不好，主要取决于两方面——约会的环境和你当天的状态。即便你们在网上已经有一定的了解，但在线下相处时，还要经历重新认识的过程。

心理学中的"首因效应"想必很多人都不陌生，它指的是最初的印象往往决定了我们对一个人的基本看法。这种初步印象基于我们在初次接触时所获得的信息和感受到的氛围。

首因效应会影响我们如何解释和处理后续获得的信息。如果初步印象是正面的，那即使在之后的互动中出现一些小问题，对方也更倾向于用积极的态度来解释这些问题，认为它们是偶发的或可以理解的。

因此，初次约会的环境很重要，因为好的环境能提供积极的感官体验，包括视觉、听觉、嗅觉等。这些体验可以触发愉悦的情感反应，让对方把你的形象和"积极愉悦的感受"联系到一起。

但假如约会环境比较让对方难受，或是你当天的状态糟糕，对方可能会下意识地对你产生抵触情绪。在他的潜意识里，你的形象已经和"压力、不快"的感受绑定在一起了。

举个例子，第一次约会就是大热天约着去公园散步或者郊外徒步，对方就很容易把身体上烦躁闷热的感受和与你的相处联想到一起，给初次印象蒙上一层负面的底色。

首次约会，我们要确保约会场地能让对方觉得安全舒适，并且能给两人提供一些私密的空间，比如约在人太多的咖啡馆或者大热天去逛公园，都不是很好的选择。

同时也要确保你当天能展现比较积极的状态。比如如果你第二天有场很重要的面试，本身的状态比较紧绷，那前一天就不是约会的好时机。

那么问题来了，如果对方主动提出的约会时间或地点不适合我们，我们要怎样拒绝，才能不打击对方的积极性呢？

在拒绝的时候，你可以记住以下两步。

第一步：拒绝的同时阐述理由

很多人会用"我不方便"来拒绝对方，但这种含糊不清的说辞往往会让对方误解为你对他没有兴趣，从而劝退了对方。我们应该坦诚大方地告诉对方具体的理由。例如："这周五我有个重要的工作会议，可能会很累，不能好好享受约会。""上个周末我已经约了这周末和家人一起出去，真的好不巧呀。"

第二步：给出你的方案

很多人在拒绝后会等待对方继续提方案，但发现对方往往没有下文了。如果你们还在关系初期，被拒绝一两次后，很多人都会失去坚持的动力。如果你的本意并不是彻底回绝对方，那么完全可以主动给出你的方案，例如"这周末已经和闺蜜有安排了，不过下周末我有时间，我们可以一起去你经常提到的那家餐厅"。

第三，给约会画上一个完美的句号

在行为经济学中，有一个叫作"峰终定律"的理论，指我们对事件的回忆往往由两个关键时刻决定 —— 事件的高潮和结局，而事件的中间过程常常会被我们忽略。

约会体验也是如此。如果我们能为约会安排一个愉快的收尾，那么对方对这场约会的回忆就会更加美好。相反，如果结局不尽如人意，即使中间过程再愉快，回忆效果也会大打折扣。

两个小技巧帮你完美收尾约会。

技巧一：正反馈，分享你的快乐

在约会结束后，及时给对方正反馈，告诉他你今天过得很开心，强化对方对这次约会的积极体验和回忆。比如你们刚结束了一次愉快的晚餐，回到家后，你不妨给对方发条微信："今晚真的很开心，没想到你也喜欢那本书啊。"这种简单的反馈，不仅能让对方感受到你的愉悦，还能让他回想起你们在一起时产生的共鸣，进一步加深对你的好感和依恋。

技巧二：计划未来，展望下一次约会

如果这次约会你对对方的感觉不错，那就不妨趁热打铁，主动和对方提到下一次约会。比如你们在咖啡馆度过了一个愉快的下午，你不妨在临别时说："我知道一家不错的意大利餐厅，下次我们可以去那里尝尝。"或者回到家后给对方发条微信："今天好开心呀！下次我们一起去看那部你提到的电影吧？"

对下一次约会的期待和主动邀约，不仅释放了可得性信号，还创造了两个人共同的小期待，这又是一次双方连接和绑定的过程。

让约会有一个愉快的结尾，肯定这一次的相处，为下一次约会埋下期待的种子。

在恋爱中，有一些人是语言型，他们喜欢通过聊天和价值观的交换来加深感情。对他们来说，能有一个可以互相倾诉，且愿意倾听的伴侣是最重要的。

而还有一些人，则更偏向于行动型。对这类人来说，虽然沟通也重要，但更重要的是两人能不能在做事的过程中相处愉快。

在约会中，针对这两种人，我们有不同的相处策略。

语言型：接纳对方的情绪与价值观

如果你的另一半是语言型，那接纳对方的价值观则是你们相处中至关重要的一点。

在之前的章节中，我们分享了如何通过回声和使用相似的肢体语言在对方的潜意识层面创造相似性。在这个基础上，当我们进一步去认可对方的三观，让对方感受到你们拥有一致的价值观、感受、人生信念、生活规划甚至信仰时，对方会在精神层面进一步感受到共鸣。

给对方创造这种感受的重点是恰到好处的倾听与反馈。

1. 学会倾听

学会倾听是我们需要做的第一步，有四种糟糕的倾听方式是我们千万不要去用的。

（1）**使用仿佛会"读心术"的句式**。"我不需要听你说，我对你这么了解，我还不知道你在想什么吗？"类似这样，想当然地认为自己知道对方的感受、想法和观点。

（2）**用消极方式打断对方**。为什么强调"消极"呢？因为并不是所有的打断都会引起他人的反感，比如为了表示赞同或者要求解释而打断对方，就会让沟通更高效。但如果打断谈话是为了表示反对意见或者转换话题，就可能显得不够尊重对方了，比如："这件事情不是你想的那样，你听我说……"

（3）**用"是的，但是……"句式**。这样听起来像是在认可对方，但事实上还是为了给自己辩护。要承认对方就大大方方地承认，每次都要在后面加上否定词，太令人扫兴了。

（4）**反向抱怨**。对方在和你表达自己的不满和需求时，你避开对方关注的问题，反过来向对方吐槽自己想吐槽的问题。

在沟通中，很多时候我们都会本能地关注自己想表达什么、有没有表达完整；而倾听，实际上是有些违背我们的本能的，所以"听"比"说"要难得多。

回想一下，我们在之前的恋爱关系或工作关系中，如果对方不听我们说的话，我们内心的第一反应是不是"什么事都给我放下，现在必须马上听我说话"？如果对方不认真对待，我们就会非常烦躁，有时候甚至会表现得歇斯底里，和对方大吵一架。

其实，要想让对方愿意和你对话，你就必须控制住本能的表达欲，首先学会去倾听；而倾听的必备技能之一，就是共情能力。简单来说，就是换位思考——我了解你在说什么，并且能够站在你的立场上，理解你的感受。共情能力可以拉近交流双方之间的距离。

2. 支持型反馈

在认真倾听的基础上，我们还要注意给对方支持型反馈。

支持型反馈特指用简单的语言，鼓励对方继续讲他们的故事和感受。在这种反馈中，要让对方做故事的主角，而我们只是他的陪伴者和支持者。

举个例子，对方来找你吐槽工作压力大、上级人品不好时，你可以问问他发生了什么，他的感受是什么，比如："我理解你的感受，你现在情绪怎么样？接下来你想怎么处理这件事呢？我能帮你做些什么呢？"

注意，支持型反馈的关键，是觉察和支持对方当下的心理需要，而不是给建议。

在上文的例子中，如果对方只是单纯想吐槽，那么我们也只需对他的感受和想法表示认同和理解，不用急着出主意。如果对方确实希望你帮他一起想策略，你再参与到出谋划策中。

千万不要一上来就把话题转到自己身上，进行反向抱怨或者轻描淡写，比如"我之前也遇到过这种上级，我当时怎样，后来如何，所以这也不是什么大事"。

即使出发点是好的，对方也只会觉得自己没有被理解和共情。

支持型反馈除了能让我们接住对方的情绪，在聊到兴趣爱好的时候，这个策略还可以让对方产生极佳的体验感。

例如对方兴致勃勃地聊起自己昨天看的电影，我们可以给对方当下的分享欲再添一把"火"，围绕这个话题展开 —— 询问对方电影讲了什么，是谁导演的，最喜欢的片段是什么，是不是还对同类型或同导演的其他电影感兴趣，有没有可以给你推荐的作品等。

这么做不仅能让对方感受到我们的专注和对他的兴趣，同时也是打开对方的话匣子、侧面了解对方观念和想法的绝佳机会。

总结一下，在相处中可以记住以下三点，善用支持型反馈。

（1）聚焦对方的感受和想法。在对方开启话题时，主要询问他的感受和想法，不要让自己成为对话的主角。在对话中，多用"你"，少用"我"。例如，对方谈论最近的工作压力时，你可以问："这对你来说一定很困难，你的感受如何？"

（2）抓住关键词并简单重复。可以抓住对方描述中的关键词，简单重复对方的话，让他觉得你在认真倾听，且确实理解了他想表达的内容。这会鼓励对方继续坦露更多。例如对方说："我真的觉得这次项目太难了。"你可以回应："听起来确实很难，你觉得最大的挑战是什么？"

（3）表达认同，但避免长篇大论。我们可以对对方的话表示认同，也可以简短地表达自己的看法，但不要长篇大论地谈论自己。在对方表达完毕后，或者当对方主动询问你的想法时，再多聊聊自己的看法。例如，对方说完自己的看法后，你可以简短回应："我也觉得这个问题很棘手。如果你需要讨论解决办法，我很愿意帮忙。"

会听比会说重要得多。在沟通中，最好的表达一定建立在足够的倾听、抓住对方心理需求的基础上 —— 这会让对方感受到深刻的理解和接纳，对和你聊天产生共鸣和依赖。

3. 情绪同频

除了善用语言上的支持型反馈，最能拉近双方心灵距离的，当属恰当的情绪反馈 —— 保持双方的情绪同频。

在相处过程中，保持情绪同频是很重要的一步，情绪反映了我们对一件事情最直观的态度。

保持情绪同频有以下几个要点。

（1）建立情绪共鸣。两人如果能对同一件事有相似的情绪，那么在感性层面上，会迅速建立同频。例如，面对社会恶性事件时，两人都表达愤怒，觉得彼此是同仇敌忾的战友；或者在伤感的场面中，两人都流露出了悲伤和惋惜，那彼此就会觉得对方柔软且富有同情心。

（2）避免情绪落差。相反，如果面对同一件事，两人的情绪天差地别，那么情绪反应较大的一方不但会觉得不被对方理解，甚至可能对对方产生负面感受。例如，在约会中，如果你兴致盎然地和对方讨论身边发生的趣事，却发现对方情绪平淡，你可能会感到困惑和不知所措，怀疑自己表达的内容不够有趣，或者对方根本不爱听你说这些。

（3）及时调整情绪反馈。即使对方后来表现出对这个话题感兴趣，你也可能会怀疑他在敷衍你。因此，想要和语言型的人拉近距离，就要及时做到和对方的情绪同频。如果你总是慢半拍，那就得练习自己的情绪觉察能力了。

行动型：我们可以一起共事

对于行动型的人，我们要展示的是享受和对方共事。

这点非常简单明确。如果你的另一半很看重别人和自己能否合拍，那他会着重考虑两人是否能共事。

他会考虑：自己和对方喜欢在一起做事吗？在一起做事的过程中，双方都能获得并分享快乐吗？

对行动型的人来说，谈话无法单独存在，常常需要一个活动载体。比如两人大眼瞪小眼地坐着喝咖啡，行动型的人会觉得尴尬、放不开；

但如果一起去做点事，比如一起做手工，且在过程中相处开心，那行动型的人就会有倾诉的欲望。

所以，如果你在接触的另一方是行动型，那不妨在第一次交谈时就直截了当地展示给对方 —— 你们有共同的兴趣爱好，或你很希望能去了解他的兴趣爱好，跟他一起享受其中。

在后续的约会中，我们也可以尽量避免约在主要活动为聊天的场所，比如咖啡馆、餐厅、书店等。可以多尝试选择一些有活动做载体的约会场地，帮助缓解紧张感，提供更多有趣的话题，比如户外、动物园、博物馆或者各种工作坊。

最后，来聊聊在咨询中很多来访者都会问的一个问题：如果对方跟我聊天时状态很一般，我该如何判断对方是行动型，还是单纯对我不感兴趣？

对于这个问题，我们可以根据下面两点来判断。

第一，聊天方式观察

行动型的人可能不擅长聊天，但并非完全不聊天。与他们交谈时，我们会感觉像在进行打卡式的聊天，或者一问一答的面试。他们可能不太擅长表达、询问或共情，但如果对你感兴趣，他们还是会尝试主动了解你，对你抱有好奇心。

如果对方对你不感兴趣，无论是聊天还是做事，对方都会表现得心不在焉、兴趣缺乏。他们不会主动发起话题，也不会表现出对你的好奇。

第二，约会场景的实验

如果你觉得对方是行动型，可以尝试不同的约会地点，看看在有活动作为载体时，对方是否会更放松。例如，一起去打保龄球、参加烹饪课或去游乐园等。

如果在不同的活动中，对方表现得更放松和投入，那他可能就是行动型。如果无论聊天还是做事，对方都表现得心不在焉，那么他大概率只是对你不感兴趣。

在相处中，如果我们可以倾听对方的想法，接纳对方的情绪和价值观，给予对方支持型反馈，在这基础上再给两人创造愉快的、一起做事的体验，那么你们的感情会随着约会的次数突飞猛进，对方也会觉得自己遇到了那个可以一起感受快乐，并且包容、接纳自己的同频伴侣。

不要害怕暴露需求

很多人都会有一个担忧：在关系中，如果我暴露需求感，会不会给对方造成压力，或是让对方觉得他已经拿定我了？

其实很多人对"暴露需求感"都有误解。事实上，适当展示我们的需求和标准，反而会让对方更加尊重和珍惜你。

心理学中有一个著名的皮格马利翁效应，也被称为"积极期望效应"。心理学家发现，当我们对他人的行为和道德标准有积极期待时，这些人往往会顺着我们的期望，在行为和道德上表现得更好。

换句话说，当我们向对方展示我们的需求和标准时，实际上是在传达我们对他们的期望，引导他们以更积极的方式回应我们。简单来说，就是别人怎么对待你，都是你教的。

这一节内容将讲述如何巧妙地向对方展示自己对关系的需求。

为什么对方不愿意满足我

在暧昧期，很多人会困惑："为什么对方明明对我有好感，却不愿意更主动和积极一点来满足我呢？"

这个问题的答案大致可以归结为以下三种情况。

第一，对方不明白我们的具体需求

例如，你和对方说："我希望你能对我多上点心。"但是，对方可能不清楚这个"上点心"具体该怎么体现，是每天对你说"早安"和"晚安"，还是日常多和你报备自己的行程，抑或是把你们两个人的事记在心上，并在日常生活中表现出来？

人和人之间表达爱的方式有非常大的差异。很有可能对方做了A，而我们想要的是B，对方觉得自己付出了，我们却感受不到对方的用心。

第二，即便不满足我们的需求，对方也不用付出任何代价

例如，对方在约会中喜欢迟到，如果我们对此只是不咸不淡地抱怨几句，对对方来说，自己显然不用为迟到付出任何代价。在这种情况下，即使我们不高兴，对方也不会有改变的动力。

第三，对方受到客观条件限制，没有能力去满足我们的需求

如果我们期待一个工作非常忙的人每天陪我们约会，这对对方来说是不现实的期待，对方的生活和工作现状导致其没有时间，也没有精力去满足我们的需求。

对于前两种情况，我们应该怎么表达需求，才能明确地告诉对

方我们想要什么呢？针对第三种情况，在后续的章节中，我们会做
出更加详细具体的拆解。

如何展示我们的标准和需求

前文提到，别人怎么对待我们，都是我们教的。展示标准和需求，
就是我们教对方如何对待我们的第一步。

正确表达需求的第一个要点，就是要表达具体的行为，而不是
模糊的状态。

1. 模糊的期待和具体的需求

在我们谈起对恋爱确定的标准和期待时，大部分人的本能表达
是一个模糊的状态或概念。

- 我想要找一个和我相互理解包容的灵魂伴侣；

- 我想要一个能和我共同奋斗的人；

- 我希望对方能对我有好奇心；

- 我想要一个能爱我、理解我、看到我的人。

但落实到现实生活中，这些期待又代表什么呢？对方听完我们
的诉求后，该如何将其落实到行动中呢？

如果我们换一种更具体的表述，去描绘希望对方能做到的行为，
就会好理解很多，下面举几个例子。

（1）**相互包容的灵魂伴侣。**你希望在自己抱怨工作的时候，对方能和你一起吐槽老板，而不是教你怎么上班；希望双方有共同的兴趣爱好，能经常一起看一部电影或者一本书，然后相互分享心得感悟。

（2）**对你有好奇心。**日常关心你每天过得怎么样，有没有遇到什么好玩的事，有没有什么烦恼想和自己倾诉。

（3）**共同奋斗。**你希望对方在事业上也有可量化的具体目标和规划，两人共同在职场上拼搏、成长、交流经验；希望作为家庭成员，两人能考虑家庭整体利益最大化，比如一人主内、一人主外。

在模糊的概念下，每个人具体的诉求都可能是不同的，因此，我们需要和对方说清楚自己要的具体是什么。

表达具体的行为，不但能帮助对方理解怎么做可以满足我们，还可以确保两人的理解是一致的，避免最后"你说东他做西"的情况出现。

2. 需求和要求

正确表达需求的第二个要点，就是意识到大家通常会把需求错认为要求。很多时候，对方在听到我们提出需求时，会觉得我们是在评价他，甚至想强行改变他。

例如，如果你直接说"我希望另一半是有上进心的、会奋斗的、能创造好的物质生活的人"，一些敏感的人可能会认为你对他现在的经济状况和个人能力不满意；或者觉得你很强势，要求他去服务你的人生目标。这就很容易激起对方的对抗情绪。

解决这个问题的方法，就是少评价对方的现状，多谈及自己对未来的期待。同时，我们可以聊一聊自己是如何落实这个需求的，为了达成这个目标愿意付出什么努力。这样，对方就不会觉得我们在单方面要求他付出，而是我们愿意两个人一起为了一个理想状态去努力。

例子 1：理财意识

假如我们需要另一半有理财意识，不要直接问对方"你有存钱的习惯吗？我不太喜欢花钱大手大脚的人"。这样容易让对方产生防御和对抗的意识。

温和的表达方式是："我觉得理财意识挺重要的，我一直有储蓄和消费规划的习惯。比如，每个月我会提前计划好存多少钱和花多少钱，这样让我感觉很安心。如果另一半也能和我有一样的习惯，会让我觉得很有安全感。"

这样表达不仅温和，同时也明确地传达了理财与储蓄规划对你的重要性。

例子 2：未来的家庭规划

在约会时聊到对未来生活的规划时，不要直接说"我的目标就是遇到一个合适的人和我一起组建家庭、结婚生子"。这样表达会让对方感觉你只是需要一个工具人来实现你的目标。

温和的表达方式是："对我来说，生儿育女是我生活中重要的规划。可能是因为我的个人成长经历，我挺期待能有个小家，生个宝宝。我在经济上也有了一些储备，今年准备换个更稳定的工作，这样以后可以花更多时间在家庭上。"

这种表达方式给对方描绘出了一个生动美好的场景，表述了你的期待，同时也展示了你为实现这个目标所做的努力，对方会更愿意和你一起携手共进。

那么，如果对方已经明确地知道了我们的需求和标准，却不以为意，甚至反复触及我们的底线，我们又该怎么做？

3. 如何在触及底线时主动叫停

正确表达需求的最后一个要点，是在对方触及我们的底线时主动叫停。这样做不仅让对方清楚地明白什么是我们不能接受的行为，也为将来的相处提供了明确的行为规范。

（1）**清晰、直白地表达不满**。用具体事实和负面情绪反馈来表达自己的不满。例如在约会时，对方连续两次迟到，我们可以直接表达："你连续两次约会都迟到，让我感觉自己没有被尊重。"

（2）**明确标准**。告诉对方什么是我们可以接受的行为，什么是不能接受的行为。继续用迟到的例子，我们可以说："如果你走不开，可以提前告诉我改时间；如果约好了，我希望你可以准时赴约。"

（3）**避免人身攻击**。在表达不满时，对事不对人。不要把问题上升到对方的态度或人品上。例如，不要直接说"你看你天天迟到，肯定在别的事上也不靠谱"，这样的指责会让两人直接吵起来，偏离了解决问题的目标。

如果对方对触碰到你的底线表达了歉意，也有意愿改变，根据事态的严重性，你可以考虑给对方一次机会。

对于严重的越界行为（如肢体上越界的接触，或者肢体、语言上的打压和暴力行为），要在保护好自己的前提下果断、明确地拒绝对方。例如："停，我很反感这样。"

你可以找借口提前结束约会，并根据自己的感受决定是否继续这段关系，必要时可以寻求家人、朋友或其他专业人士的帮助。

总结一下，当对方触及我们的底线时，可以采取以下三步措施。

第一步，直接的负反馈。通过语言和行为向对方表达直接的拒绝。

第二步，澄清我们的标准。明确地告诉对方自己的底线在哪里，不能接受哪些行为。

第三步，给对方改进的机会。如果对方诚恳地表达歉意，那么可以考虑给对方一次改进的机会。

在恋爱中要大胆表达自己的需求，维护自己的底线。这样不但能让自己在恋爱中更舒适，也可以帮助我们更好地赢得对方的尊重。

在约会结束后，很多人的第一反应都是去思考：在刚刚的约会中，对方对我的态度如何？他现在还喜欢我吗？

　　还有一些人，会下意识地开始拿约会对象和自己想象中的另一半开始比较：对方哪些地方符合我的期待，哪些地方不符合？他有改变的空间吗？

　　在约会后加入一个反思过程，有策略、有重点地处理和分类约会中收集到的信息，可以帮助我们判断是否推进关系。

约会结束后，如何做下一步决策

观察对方的特点

首先，我们来聊聊应该如何收集信息，尤其是应该特别留意哪些信息。

在生活中，接受信息其实是一个即时的过程，无论是前期的线上聊天，还是线下第一次见面，都会有很多信息进入我们的大脑。

在约会时，我们接收到的信息的特点就是快、多、杂——对方一个微笑背后的含义，对方的一个眼神或一个提问，抑或是两人聊天时对方提起的一段往事，这些都会立刻被我们的大脑捕捉到。

然而，如果对每一个细节信息都进行一番分析，我们就会无法专心与对方相处，甚至无法享受约会。

因此，对于初次约会对方展现出的信息，我们需要有选择、有重点地观察。

那我们需要观察什么呢？

答案是：对方的特点。

具体来说，对方在不同场合、环境、前提下展现三次以上的行为模式，我们才能把它称为对方的特点。

特点是一个行为模式，是一种会重复出现的特征。

如果我们只是看到对方某一次做出了一个行为，就不能称之为特点。

例如，很多女生会觉得，第一次见面的时候这个男生对我特别温柔，那他就是一个温柔的人。但如果你只通过一次接触就下了这样的结论，这就大错特错了——在初次见面的时候，对方大概率会展示出自己最好的形象，但这样的表现很可能只是昙花一现。

对于"温柔"这个特质，我们要观察的是：对方是不是在一段相处时间内有稳定的温和状态，甚至当他完全有理由暴躁的时候，是否还能相对稳定地表达自己的情绪和想法。

所以，如果要做一个阶段性的决策，就需要相对来说比较充裕的信息量。这也是为什么我会鼓励大家和对方尽早见面，而且接触越多越好。

决策建议

（1）**多次约会**。如果对方是一个相对合适的候选人，但你还不确定是否要进一步发展关系，建议进行多次约会，收集足够的行为数据，再进行判断和决策。

（2）**尊重感受。**如果在前几次约会中，对方表现出许多让你难以接受的行为，及时结束约会是合理的选择。不要勉强自己去接受不合适的人，尊重自己的感受和判断。

三框原则

关于约会结束后的决策问题，给大家介绍一个有效的工具——三框原则。它意在把对方展现的一些行为信息分为正面信息、负面信息和中性信息（见图4-1），能帮助我们客观地评估对方的特点，并做出明智的决策。

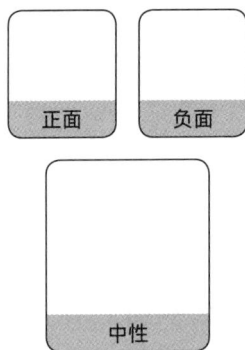

图4-1 三框原则

其实，使用三框原则的目的是让我们能尽量把信息归为中性信息，不一上来就给对方贴优点或缺点的标签，导致我们戴着滤镜看对方。

一个中性信息到底是对方的优点还是缺点，取决于我们能否从中受益。

举个例子，"宅"这个特点，就是一个中性特点。

+ 对于一个本身喜欢居家、不太需要社交的人来说，伴侣能和他一起"宅"就是一个优点。两人可以一起在家里做家务、玩游戏，并拥有很多相处的时间。
+ 对于一个很需要社交、不喜欢一直待在家里的人来说，他可能会希望伴侣能和自己一起去社交，融入自己的朋友圈，但一个喜欢居家的伴侣无法满足这样的需求。这时候，"宅"可能就成了伴侣身上的一个缺点。

所以，在把众多的特点判定成优缺点之前，我们要先了解自己：我们想要什么样的生活？对方的特点可以让我们在自己的生活中受益吗？在此基础上，我们再去划分优点和缺点。

此外，在观察和做决策时，我们一定要慢下来，不要急于贴标签。

《非暴力沟通》这本书提到，我们每个人都有自己的思维惯性或者说"先入为主的偏见"。如果我们一上来就给一个人贴标签、下定论，那么在接下来的相处中，我们都会带着这个标签和偏见去评判那个人的行为。

这是因为我们的大脑很懒——如果要改变一个结论，就意味着我们要推翻整个决策的逻辑，说服自己之前是错的。大部分人会下意识地抗拒这个过程。

因此，一旦我们相信对方是个什么样的人，那么无论对方做什么，我们都会把他的行为往我们的主观信念上去靠。

举个例子。假设你第一次约会时发现对方很健谈，聊了很多有趣的话题，于是你给对方贴上了"健谈有趣"的标签。下一次约会时，对方可能因为疲惫或者心情不好，表现得比较沉默，但因为你已经给对方贴上了"健谈有趣"的标签，你可能会认为对方这次的沉默只是暂时的。反之，如果你第一次约会时对方显得有些寡言，你可能会给对方贴上"内向"的标签。即使对方在后来的几次约会中变得健谈，你也可能认为这是对方为了讨好你而表现出来的，并不是真正的自己。

这种先入为主的思维惯性常常会带来偏见，让我们看不清一个人真实的样子。使用三框原则，虽然会让我们下判断的节奏更慢，但我们所做的决策会更稳定，我们也会更相信自己的判断。

例如，你会在几次约会中观察到对方的不同表现，并将这些表现归为中性特点，不急于下结论 —— 如果你发现对方在大多数情况下都是健谈的，你可以更确信这是对方的一个稳定特点；如果你发现对方时而健谈，时而沉默，你就会明白对方有不同的情绪状态，而不会简单地用"健谈"或"内向"来定义对方。

这样，你的判断会更加全面和客观，你也更容易做出正确的决策，决定是否继续发展这段关系。这种慢下来的观察方法，虽然花费的时间更长，但最终能帮助你找到真正适合自己的伴侣。

自我感受对决策的重要性

有时候，到了该做决策的阶段，我们的感性却又容易让我们犹豫不决。我们可能会觉得，虽然对方好像确实有很多优点，但是感觉还是差一点；或是虽然看到了对方身上的明显缺点，但还是不想放手。

那么，我们应该如何判断要不要继续推进或维持关系呢？

感性层面的直觉和感受，其实是大脑基于过往经历的海量信息做出的快速判断和反馈。判断一段关系是否健康，我们自身的感受很重要。

下面的四个问题，可以帮你在约会结束时更好地觉察你自身的感受。

1. 和对方相处时，激发了我的哪一面？

之前的章节内容也提到过，每个人都有多面性。好的恋爱会激发出我们积极、阳光的一面，会让我们更快乐、更自信；而一段不好的关系，可能会激发出我们更糟糕的一面，让我们焦虑不安、自我怀疑。

2. 我对对方有好奇心和探索欲吗？

好奇心和探索欲，是让我们产生和他人相处欲望的两个主要内在动机。如果你对继续了解一个人毫无兴趣，那对方可能并不是一个能让你喜欢上、想要一直与其相处的对象。

3. 和对方相处时，我觉得自己是有吸引力的吗？

这个问题可以看出你在和对方相处时，是否感到自信和安全，或是对方的反应能否让你感到安心。如果一段关系的吸引力是失衡的，即一方很着迷，另一方却没有什么感觉，那这个失衡很快就会让着迷的那一方焦虑不安，希望能做点什么来让另一方也喜欢自己。但这样做，往往只是把关系推往更内耗的方向。

一段好的关系中，双方的吸引力水平应该是大致平衡的，虽然各有各的特点，但彼此平等地被对方吸引。

4. 约会结束后，我在精神上感觉是被滋养了，还是被消耗了？

最后这个问题决定了一段关系的可持续性。一段好的关系一定是可以互相滋养、相互充电的，双方都能从相处中获取力量。

如果我们每次见对方之前，都需要让自己先处于"电量满格"的非常态，那当到了低谷期，外界很难给我们"充电"的时候，我们也就没有力量去面对这段关系了。

当然，在最初的几次约会中，我们表现出"满格"的好状态是人之常情，重点在于双方的相处是否可以随着时间的流逝让你慢慢放下戒备，越来越松弛自在。这一点需要我们拉长时间维度去观察。

相信在你依次回答完这四个问题后，你的感觉会给你一个更清晰的答案。

恋爱小练习

♡ 学会正确地回复信息 ♡

请你思考一下，在遇到下面这几种情况时，你可以给出怎样的支持型反馈；如果你没有留意对方话语中的重点，想转移话题，又会给出怎样的回复？

想象一下，当你正在工作或学习时，你的约会对象突然给你发了下面这些微信消息。

约会对象：今天好忙呀，晚上可能又要加班了……

支持型反馈：＿＿＿＿＿＿＿＿＿＿＿＿＿＿＿＿＿

转移话题：＿＿＿＿＿＿＿＿＿＿＿＿＿＿＿＿＿

约会对象：我今天在上班路上看到了一只超可爱的小金毛犬！

支持型反馈：＿＿＿＿＿＿＿＿＿＿＿＿＿＿＿＿＿

转移话题：＿＿＿＿＿＿＿＿＿＿＿＿＿＿＿＿＿

约会对象： 打游戏又输了，真的好崩溃，为什么上点分这么难，每次都遇到弱的队友。

支持型反馈：＿＿＿＿＿＿＿＿＿＿＿＿＿＿

转移话题：＿＿＿＿＿＿＿＿＿＿＿＿＿＿＿＿

约会对象： 周末在家看了《小森林》，感觉好治愈，看得我都有一种辞职找个地方去种地的冲动！

支持型反馈：＿＿＿＿＿＿＿＿＿＿＿＿＿＿

转移话题：＿＿＿＿＿＿＿＿＿＿＿＿＿＿＿＿

Chapter *5*

第五章

你真的知道对方想要什么吗

如何找到别人隐藏的核心需求

捕捉细节，洞察具体需求

如何找到别人隐藏的核心需求

在这节中，我们来聊一聊大家在约会里最想知道的一个问题：对方在关系中到底想要什么？我们到底如何读懂别人的需求？

在讨论如何读懂需求前，我们要先大体上明白人的需求是如何产生的。

如图 5-1 所示，根据马斯洛的需求层次理论，人的需求被分成五层。这五层需求由低到高，从生理需求开始，经过安全需求、归属与爱的需求、尊重需求，最终到达自我实现需求。

在每一个时期，人都会有一种需求占主导地位，而其他需求处于从属地位。放到婚恋这件事上，处于不同需求层次的人对恋爱的期待以及在恋爱中的表现都不一样。

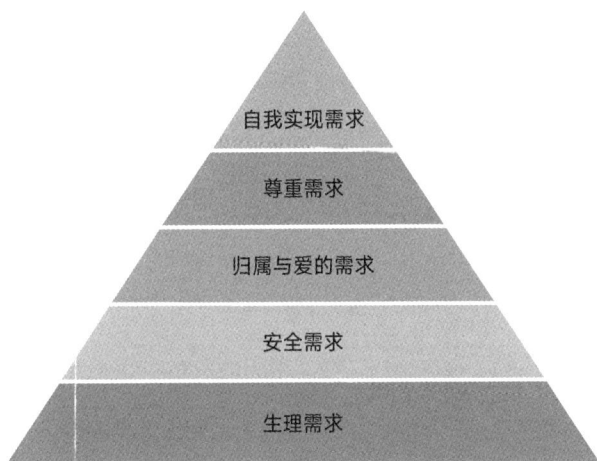

图 5-1 马斯洛的需求层次理论

比如，在生理需求层次，我们可能希望谈恋爱不要花费太多的精力，另一半也不要有过多索取，要支持我们先去满足衣食住行上最基本的生理需求。在归属与爱的需求层次，我们可能希望能花更多的时间和爱人在一起，创建深层的情感连接，建立归属感；愿意投入更多的精力和时间，也希望从对方身上得到同样的反馈。

所以，在谈及一个人的具体需求前，我们要先大致明白那个人所在的需求层次，以此为基础去理解那个人当下的核心需求。

下面，我们就来聊聊在每个需求层次，人们对恋爱的期待都有哪些。

第一层次：生理需求

生理需求指人类维持自身生存的最基本要求，包括衣食住行、健康等方面的需求。生理需求是推动人行动最强大的动力。

这很好理解，如果一个人连最基本的生存都受到威胁，那么就很难分出精力去顾及身边的其他事情。

当下社会中常见的一个例子是，当一个人工作压力极大，每天都要面对高压的工作环境，还随时担心自己要失业的时候，这个人可能会把每天的全部精力都放在"我要怎么保住饭碗，怎么干完工作"上。在这个阶段，这个人不会有很多精力去社交或恋爱，生存需求会先于社交需求。

如果我们遇到了这个阶段的人，除非我们可以直接解决对方生存上的问题，否则对方很难把精力和时间花在感情上。

所以，如果你心仪的另一半目前还在生理需求上挣扎，你可以尽量减少对感情的需求，给对方时间和空间，让对方把更多精力放在自己的生活上。这样，对方在满足生理需求后，才会有更多精力去恋爱。

第二层次：安全需求

安全需求指人对安全、秩序、稳定的需求。满足生理需求后，再往生活中加入新元素的时候，我们会第一时间考虑到安全，我们需要确保这个新的元素是安全、稳定的，不会给当下的生活造成负面影响。

在恋爱中，安全需求意味着精神、物质和肉体都在这段关系中是安全的。比如，相信伴侣在自己生病的时候可以照顾自己，彼此之间有信任；彼此在肢体上不会互相伤害，对方不会在精神上指责、伤害自己，等等。

在相亲时，很多人会先打听对方的经济状况，确保未来能一起打造一个稳定的家庭，这其实就是从安全需求的角度出发，评估未来生活是否有保障。

如果一个人目前的主要需求停留在安全需求的层次，他会想要更多地考核另一半的稳定性，比如，能否展开一段稳定的关系、有没有能力提供生活照顾、对未来的小家能否提供稳定的经济支持，等等。

第三层次：归属与爱的需求

归属与爱的需求是指人们希望与他人建立情感联系并对某一群体有归属感的需求。这个需求层次包括两个主要方面 —— 友爱和归属。

友爱的需求是指我们每个人都希望在生活中能够得到和给予爱，我们渴望爱情，希望爱别人，也渴望被别人爱；我们需要伙伴，需要和周围人融洽相处，好恋人通常也是好朋友。

归属的需求是指我们希望成为某个群体的一员，与群体中的其他成员相互关心和照顾。这种需求不仅仅是为了生存，更是为了更高层次的情感满足。

如果缺乏归属与爱，我们会感到孤独，失去与世界的连接感；自我价值感也容易受到影响，我们会认为自己不值得被关怀和爱。

这个需求是在生理和安全需求被满足后更容易出现的。一个常见的例子，当物质基础稳定后，我们在寻找爱情时会更倾向于追求精神伴侣。这时，我们会更关注两人之间精神上的亲密、激情、欣赏与喜爱。此外，我们希望能够组建一个属于自己的小家庭，找到自己的归属感。

第四层次：尊重需求

尊重需求是马斯洛的需求层次理论中层次较高的需求，包含对自我成就和价值感的认可，也包括他人对我们的认可与尊重。

在一些关系中，我们可能会遇到强迫式的爱。伴侣希望我们在各方面都遵循他的想法，一切以他的理论为基准。在这种关系中，即使对方深爱我们，我们仍然很难感到快乐，因为我们没有感受到尊重。例如决策上的控制，伴侣在每件事上都希望我们听从他的安排，否定我们的意见；还有对生活方式的干涉，伴侣要求我们按照他的生活方式来改变我们的习惯。

另一个例子是，我们帮助伴侣解决了基本的生理需求，比如负担对方的衣食住行，或者通过关系帮他找到工作；在这样的需求得到满足后，伴侣开始追求自我，期望得到我们的尊重。这时，如果我们不愿意放手，仍希望伴侣依赖我们，那么关系中就容易出现对抗。

第五层次：自我实现需求

在马斯洛的需求层次理论中，自我实现需求位于需求金字塔的顶端。它代表了人们希望最大限度地发挥自身潜能、不断完善自己，完成与自身能力相称的事情，实现个人理想的需求。

自我实现需求的满足方式因人而异，每个人都有独特的目标和梦想。在亲密关系中，当前面四个层次的需求（生理、安全、归属与爱、尊重）得到一定程度的满足时，伴侣的支持在自我实现过程中起着至关重要的作用。

例如，在生活和情感都稳定后，一个事业型的人可能会希望尝试创业。这时，如果自己的伴侣能提供支持，那么，来自伴侣的鼓励与正面反馈都会是很强的动力与支柱，也会让他觉得这段关系和他的个人追求目标是一致的。

相反，如果伴侣对他事业上的选择频繁地表示怀疑或反对，那他也会陷入自我怀疑和纠结的痛苦中，会衍生出"我想要的生活和这段关系不能兼得"的想法。

在观察对方的需求时，我们可以通过需求层次理论，从以下三个方面来进行具体观察。

（1）每个层次对对方而言代表什么？

（2）目前对方最强烈的需求来自哪个层次？

（3）对方希望伴侣能够提供什么，来帮助他满足这一层次的需求？

如图 5-2 所示，在马斯洛看来，需求是从低层次到高层次呈波浪式推进的。在低一层需求没有被完全满足时，高一层需求就产生了；在低一层需求的高峰过去后，高一层需求逐步增强，直到占绝对优势。

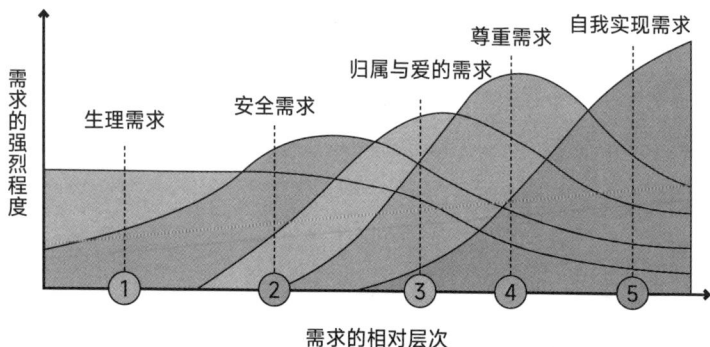

图 5-2　需求的波浪式推进

比如，对一些人来说，在有了一份可以填饱肚子的工作并租了房子之后，他们就觉得生理需求已经基本被满足了。这个时候，他们不会马上去追求更好的工作或是更大的房子，而是想先稳定现在的状态（安全需求），并在此基础上找一个恋爱对象（归属与爱的需求）。

同时，需求层次也并不是一成不变的。在追求高层次需求的过程中，如果低层次需求出现了问题，那么我们的注意力会重新回到低层次需求上，高层次需求会被暂时压抑或搁置。

例如，一个人在追求归属与爱的需求时遇到了一个心仪的对象，但发现对方财务上有很大问题，甚至可能威胁到自身的财务安全；尽管这个人非常喜欢对方，但这种安全需求的危机会让这个人重新关注自身的安全。

在反复思考和权衡之后，如果对方的财务问题无法解决，很多人会选择分手或离婚，即便这意味着放弃一部分归属与爱的需求。

做一个简单的总结。

每个层次的意义

生理需求：对方是否已经满足了基本的衣食住行需求？他们是否有足够的休息和健康保障？

安全需求：对方是否感到生活稳定和安全？他们是否有稳定的工作、收入和生活环境？

归属与爱的需求：对方是否渴望深厚的情感联系和归属感？他们是否有亲密的朋友圈子和家庭支持？

尊重需求：对方是否在寻求自我价值感和成就感？他们是否希望在伴侣面前得到认可和尊重？

自我实现：对方是否在追求个人成长和潜能的发挥？他们是否有明确的个人目标和理想？

当前最强烈的需求层次

通过观察和交流，了解对方目前最关心和最努力追求的是什么：是工作稳定性、情感支持，还是个人成就？确定他们目前的主要需求层次。

伴侣的支持角色

了解对方希望你作为伴侣，在他们的需求满足中扮演什么样的角色。例如，在安全需求层次，他们可能希望你能提供经济上的稳定支持；在归属与爱的需求层次，他们可能希望你能给予更多的情感关怀和陪伴。

在了解需求层次理论及其对应的恋爱需求后，下一节将讲述在实际相处过程中我们应该如何沟通、观察，从而进一步抓住对方的具体需求。

捕捉细节，洞察具体需求

面对心仪对象，我们往往希望可以了解对方的需求，以便掌握关系中的主动权。

在了解对方需求这件事上，很多人会有一个疑问：为什么不能直接问对方在关系中需要什么？当然可以，但是，在实际生活中我们会发现，直接提问常常不能获得最真实的答案。

这背后的原因多种多样。比如：

◆ 对方并不知道自己明确的需求，在对方的概念中，自己只是在追求某种模糊的感觉；

◆ 对方正处在人生中比较动荡的时期，当下的需求还没有稳定成型；

◆ 对方不喜欢冷冰冰的直接提问，喜欢更温和自然的了解方式；
……

但这并不代表对方没有需求。

其实，一个人的生活状态、当下的日常和对未来的期待里，都潜藏了自己的重要需求。

在与对方的交流中，我们可以有效地捕捉一些细节，通过细节理解其背后的需求。

观察现实和理想的差距

在聊到对未来的预期与规划时，我们可以观察对方的理想生活与当下生活的差距。

通过观察现实和理想的差距，我们能够看到对方的生理需求、安全需求、归属与爱的需求、尊重需求和自我实现需求。

如果我们能帮对方补齐这些差距，那么我们便是非常有吸引力的伴侣人选。

举几个例子。比如，一个现在工作很忙、在职场叱咤风云的女生（这是她的现状），在未来的规划中，她希望自己能有个稳定的家庭，生个孩子，并把生活重心慢慢转移到家庭上（这是她对未来的期待）。那么，在寻找伴侣时，她就会比较看重对方能否支持她在未来离开职场回归家庭，她会看对方的事业是否有发展潜力，对方能不能在婚后自己事业上升较慢的情况下，成为家庭的主要收入来源。

又比如，有些人看重精神契合。在他们的理想生活中，他们希望在维持自己现有生活的基础上，可以和伴侣一起享受人生，体验各种新事物，并变成彼此的灵魂伴侣。对他们来说，当下最强的就是归属与爱的需求，因此，一个能理解他们的追求、愿意和他们一起体验各种生活、和他们三观有共鸣的伴侣会对他们非常有吸引力。

再比如，对于一个对事业有追求、每天在工作中投入大量精力的人，在自己的期待中，他可能希望自己的伴侣能替自己打理好家里的事情，让自己能更加专心地投入事业领域的发展。对这类人而言，最吸引自己的另一半就是能帮自己稳住前四层需求，支持自己在自我实现需求层次继续探索的人。

使用这个观察方法时，我们要从下面三点观察并思考。

（1）对方对未来生活的预期。对方对工作、家庭、物质、精神等各方面都有什么期待？在聊天中，对方最先主动提到的方面，往往是其最重要的需求。

（2）对方的现状。对方当下的生活状态如何？他对现状满意吗？他最大的困扰是什么？

（3）作为伴侣，我们是否可以助力对方从当下的状态走向理想状态？

观察对方的提问顺序

我们可以通过观察对方的提问，破解对方的主要需求是什么。

例如，对于一个主要需求在安全需求层次的人，他往往会更想了解你的生活、事业规划、买房和买车计划、储蓄计划等方面的信息，他的提问也会先围绕这些话题。

而对于一个主要需求在尊重需求层次的人来说，他可能在交谈前期就引入一些社会新闻或某些习俗观念，以此来观察对方在这些问题上是否与自己的观念一致，或者在意见不一致时能否保持尊重。

举个例子，来访者茜茜在相亲时遇到了一位合心意的男生，但茜茜不知道自己该如何引起这个男生的注意。

在两人第一次见面时，男生对茜茜的提问更偏向于茜茜对未来的家庭有什么规划，以及生育观、消费观等方面的问题。

对于这些问题，茜茜觉得自己没有好好准备，不知道该怎么回答。因此，茜茜回避了这些现实问题，试图把话题拉到自己擅长的领域——生活趣事、旅行见闻等，来吸引男生。

在这次约会之后，男生一下冷淡了很多。过了几天，男生向茜茜反馈说，接触下来他感觉两人不太合适，要不然还是算了。

茜茜很不解，和我交流后她才意识到，其实男生在第一次见面时问的问题中就已经传达了他在关系中的需求。

对于男生来说，安全需求是他当下最重要的需求，他希望自己的伴侣对组建家庭这件事有一个稳定的规划，所以在一见面时也会优先问一些与现实相关的问题。

茜茜所展示的自己性格方面的魅力，对男生来说并不是第一需求，所以对他也没有很强的吸引力。

意识到这个问题后，茜茜重新审视了一下，发现自己其实对成家也是有需求的，只是没有机会去仔细思考这方面的规划。正好趁着这次机会，茜茜认真地思考了一下自己对未来的规划，发现自己期待的生活和男生期待的有很多相似点。于是，她主动和男生分享了自己的想法。在感觉到两人对未来有相似的期待后，男生又有了重新接触的意愿。

在茜茜的案例中，她一上来就回避了隐藏着对方真实需求的提问，自顾自地展示她认为的闪光点，对方可能会觉得她是一个优秀的异性，但并不是自己想找的未来生活中的伴侣。

观察对方的表达方式

在表达方式这点上，我们可以把人分为具体的表达者和抽象的表达者。在面对这两种不同的人时，我们捕捉和提取信息的方式也是不同的。

具体的表达者喜欢描述事件中的所有细节。比如，他们会具体地描述一个场景、一个具体的事件乃至细节。但是如果问他们说的话代表了什么意义，他们可能也总结不出来。

在面对具体的表达者时，我们要把话题聚焦到对方的具体要求上，而不是去问对方这件事背后的原因和处理方式。

例如，和一个具体的表达者一起计划旅游时，对方可能会一股脑儿地把对旅游中所有细节的期待都告诉你，比如想吃的店、想穿的衣服、想去哪儿拍照等。但如果让对方提供大致行程，比如想在哪里玩几天，对方很有可能没法回答。那我们就可以补上这一部分，比如由我们来做规划，且在规划里融入对方提到的那些让其心动的细节，这会让对方在心中给你特别加分。

抽象的表达者则刚好相反，这些人擅长自我分析或者去总结一些规律。但是，他们过于抽象的表达，会让我们没有办法理解他们的具体需求是什么。

面对这样的对象，当他们提出一个抽象的结论时，我们可以询问具体事例——是什么事情让他们有了这样的想法，让他们帮助我们在对话中补全细节。

例如，在和抽象的表达者聊天时，对方说想要一次浪漫的约会。这时我们可以问问，什么样的场景会让他们有浪漫的感觉，是在地铁里看到的旅行广告，还是路过了街角一家浪漫的西餐厅，抑或是在朋友圈看到了餐厅近照获得的灵感？

在这个基础上，我们可以根据他们描述的例子进行延伸，一点点敲定更多的细节，最后安排一场对方理想中的浪漫约会。

学会观察和满足对方的需求不仅适用于追求阶段，在后续的长期关系中，随着生活际遇和人生阶段的变化，对方的需求也会产生变化。我们可以继续用这些技巧识别对方的需求变化，思考我们作为伴侣可以给对方提供什么。

　　最后我想说的是，需求的满足从来不是单方面的，维持长期关系的一个必要元素，就是在关系中两人的需求都可以被满足。

　　我们自己的需求被满足也同样重要。我们自己在关系中需要什么？我们的择偶框架是什么？下一章会带你更细致地了解和拆分自己的需求，科学搭建择偶框架。

第六章

搭建择偶框架

化学反应的五个维度

在本章中，我们来聊聊"择偶框架"这个话题。

很多人都会有一个困扰：在爱情中，我们应该看标准，还是应该看感觉？

接下来，就让我们带着这个问题进入本节的内容。

关于择偶框架，有不少人会有这样的担心：如果大家都按照冷冰冰的标准来选择对象，那爱情中的感觉又从哪里来呢？

在现实生活中，我们看到过很多与下面例子类似的情况。

一个本身还不错的人，为了感觉，不顾别人的劝阻，找了一个有很多隐患的另一半，比如好吃懒做、脾气不好，或是有很多生活上的坏习惯。

一开始，这个人会坚信自己的感觉，觉得爱情高于一切。但随着生活的消磨，这个人又会后悔，觉得感觉果然不靠谱，还是要看条件。

但其实，在这样的情况中，感觉和条件并不冲突。

大多数人会把爱情中的感觉狭义地理解为"强烈的外表吸引、心里小鹿乱撞、夜不能寐的思念"等荷尔蒙作用下的激情反应。

如果在考虑感觉时，只能看到这些激情，那感觉确实是不靠谱的。

如图 6-1 所示，在前文中，我们已经讲过"刺激—价值观—角色"的理论：刺激带来的感觉只能短暂地主导关系的前期，在后期，两人的价值观和角色相容性，才会创造更成熟、更稳定的感觉。

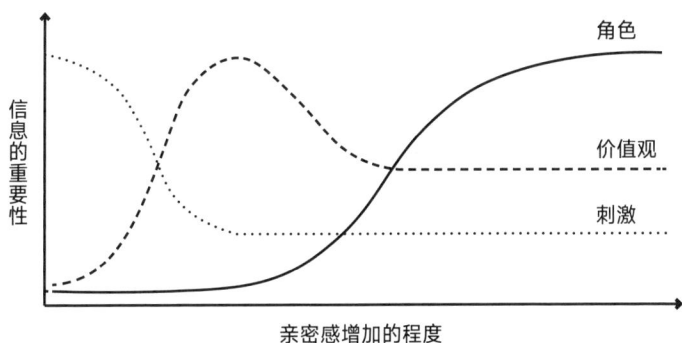

图 6-1 "刺激—价值观—角色"理论

事实上，一个好的择偶框架和感觉完全不冲突。择偶框架本来就应该根据自己过去在人际关系中，尤其是恋爱关系中的感受来制定。

国外有一本畅销书叫《他是真命天子吗》（*Is He Mr. Right？*）。

这本书提出，我们必须重视感觉，但不是沉迷于热恋的感觉，而是去关注那些更可靠的、服务于长远幸福的感觉。

具体哪些感觉是更可靠的呢？

这本书的作者提出，在一段健康的关系中，我们一定会满足五种心理感受，这五种心理感受被称为"化学反应的五个维度"。

我们来一个一个地梳理吧。

1. 舒适。在一段健康的亲密关系中，这是最重要的维度。

◆ 和对方在一起，你可以放心地做自己而不担心被挑剔或被否定吗？

◆ 你们在一起的感受是松弛愉悦而不是紧绷的吗？

可以想一想，哪些是你看重的舒适，什么样的人会给你舒适的感觉，并且把这些记录下来。

举几个例子。比如你对房屋整洁有非常高的要求，对方却喜欢松散，甚至有点乱糟糟的环境，这样两个人很难创造出一个双方都觉得舒适的居住空间。又比如你喜欢"躺平"，但是对方喜欢"内卷"，并且要求你也一起"卷"；或者你大大咧咧，对方却格外注重细节，总是挑你细节上的毛病，这样两人相处时大多数时候都是紧绷的，生怕自己做错什么给对方带来不愉快。

2. 安全。安全大致包括三个方面。

- **身体上的安全**：是否不用担心被对方暴力对待？

- **经济上的安全**：是否有基本的经济独立能力？双方的消费观是否没有巨大的差异？

- **情绪上的安全**：对方是否可以管理自己的脾气？遇到矛盾双方是否可以有效沟通？对方是否和异性有必要的边界感？你们是否可以向彼此流露脆弱而不担心被伤害？

　　再举几个例子。你有过吵架摔东西、在马路上都能和人起冲突的冲动伴侣，你整天替对方提心吊胆。经历过这样的伴侣，你接下来可能会倾向于找理智的、情绪稳定的伴侣。你有过遇到事情时不爱说话，要你猜他心思的伴侣，总是让你觉得情感上被拒绝。接下来你可能会希望找乐于沟通、能够好好说话的伴侣。

　　想一想，你过去的伴侣可以给你安全感吗？或者什么样的伴侣会让你觉得安全呢？

　　3. 快乐。快乐就是我们经常说的"可以和对方一起在关系里做孩子"。

　　你和对方可以玩到一起吗？你和对方在一起可以轻易地开心起来吗？

　　好莱坞巨星莱昂纳多·迪卡普里奥的前女友卡米拉·莫罗恩，曾经在社交网络上吐槽过和莱昂纳多的一场最糟糕的约会。

莱昂纳多特别喜欢《星球大战》系列电影，和卡米拉约会的时候，他租下了整个电影院来看《星球大战》，然后拿着光剑到处乱跑，假装要和坏人（卡米拉）对决。

卡米拉将这一经历吐槽为"最糟糕的约会"。如果她说的不是反话，那么卡米拉确实没有办法和莱昂纳多一起享受对他来说重要的快乐。

每个人的快乐源泉是不一样的。我们首先要知道自己的快乐在哪里，并且从之前的经验中判断什么样的人可以和自己分享快乐。

举几个例子。如果你是一个特别热爱户外、对自然充满激情的人，而你曾经的对象比较"宅"，很抗拒出门，你觉得和他在一起非常拘束，你之后便更倾向于找有趣、有活力的伴侣。

你曾经的对象精力过于充沛、热衷于社交，而你觉得快乐的事情是两个人安静地待在一起，那么你接下来会倾向于找更加踏实和内秀的伴侣。

根据之前的经验，哪些事情是你追求的快乐呢？你正在约会的对象能和你一起享受快乐吗？或者说，能够和你一起享受快乐的人需要具备哪些特点呢？

4. 亲昵与激情。你能从对方的行为、语言和情绪中感受到彼此的亲昵感吗？你会渴望和对方有亲密的肢体接触吗？

比如，每天下班回家就想亲吻对方；躺在沙发上看电视的时候和对方挨得越近越开心；每天睡前都希望和对方抱一抱再入睡。

亲昵的另一个表现是：经常会不自觉地给对方很多非必要、无厘头的关注。

比如热恋中的情侣经常会无意识地看着对方笑；或者在看对方做一些很可爱的行为时，有想要冲上去亲吻对方、抱对方的冲动。

在关系中，哪些是你喜欢的亲昵行为？对于你现在正在接触的那个对象，你会对他有亲昵的冲动吗？

5. 尊重。 你们互相尊重吗？你能完全接纳对方当下的模样吗？你会看不起（嫌弃）对方吗？你相信对方做出的决定吗？

同样，对方是否也能尊重你、信任你？对方能够支持你去探索和成长为自己想要的样子吗？

在尊重这一点上，我们可以想一想以下两点。

（1）具备什么品质的人会获得你的尊重和信任。 对方如果是一个满嘴谎言、喜欢说大话的伴侣，你可能就无法尊重和信任他；相反，如果对方是一个言出必行的人，他自然会更容易获得你的尊重和信任。

（2）考察对方是否愿意给你尊重和信任。 我们遇到有刻板印象和性别标签的人时，就经常觉得自己没有被尊重。比如"女人就应该照顾家庭""男人就应该让着女人"的刻板言论，就很容易引起别人的反感。

在一段关系中，我们不需要追求五个维度都很完美，每个维度能达到 60 分，就已经是一段让双方都很满意的恋情了。但如果我们想要有一段幸福的关系，进一步提高这五个维度的分数对大部分人来说都是必不可少的，它们包含了我们对爱、安全、归属的根本需求。

比如，两个人财富自由，平时相敬如宾，也能友好沟通，但是基本没有亲昵和快乐，没有无厘头的非必要关注，没有孩子一样的没心没肺，这种相处模式就真的成了生意合伙人的关系。

又比如，两个人你侬我侬，如胶似漆，但是长期没有固定收入，入不敷出，这样的感情也很难持久，很难经受住现实的冲击。

再比如，对方有钱、相貌好，还特别爱你，唯独控制欲很强，希望你的一切都在自己的掌控之中。这样的关系缺乏尊重，很可能陷入"有毒"状态。

你可以理一理每个维度对你来说意味着什么。当我们把五个维度综合起来时，我们就会明白感性和理性上都想要的另一半是什么样的。

找到拥有成长型特质的恋人

上节内容引出了很多人新的疑问：假设我根据框架找到了一个合适的人，但人是会变的，如果对方之后变了，两个人岂不是又不合适了？

这节内容将讲述这个问题的破解思路——如何找到成长型特质，谈一场不分手的恋爱。

有一部很火的电影叫《花束般的恋爱》。影片中的男女主角在大学时期相遇，发现彼此爱看一样的书，爱听一样的音乐，会异口同声地说出一样的想法，对方简直就是"世界上的另一个我"。但是，这样开局百分百契合的恋人，结局却走散了。

很多看完电影的人都会困惑：百分百合拍的恋人，为什么最终还是会分手？

事实上，无论关系在开局时有多契合，我们每一个人都会随着时间和经历的变化而发生变化。如果双方成长的步调不一致，那么最终很可能会分开。

与其到时候指责对方"你变了"，不如一开始就时刻关注彼此的成长方向，发展出共同成长的能力。

这里，要引入一个新的概念——成长型特质。

成长型特质指决定我们行为模式的性格、能力或习惯。这些特质具备持久性和灵活性，会和我们一起成长，即便环境和人生阶段改变了，它们也依旧会以不同的方式在我们生活中体现。

这是什么意思呢？举两个例子你就明白了。

例1：共同爱好

就像电影《花束般的恋爱》中，两个人有共同的兴趣爱好和话题，这似乎是我们对于"合拍"的最直接的理解。

因此，很多人会把拥有共同爱好或共同兴趣列为择偶标准之一。

然而，在长期关系中经常出现的情况是，随着生活的平淡化和柴米油盐的压力，一开始有共同话题的两个人，关注点渐渐变得不一样了。原先两个人都喜欢的事情，很可能有一方就不再喜欢或者不再有精力投入了。

因此，我们在关系初期不一定要特别看重对方是否有和自己一样的兴趣爱好，更重要的是去观察对方具备什么特质。例如是不是对生活有激情、热忱或者好奇心，是不是愿意去尝试和体验生活中的新事物。

相比当下的爱好，这些内在特质是更底层、更稳定的，可以和我们的关系一起成长。例如，双方如果都有好奇心或者对生活有热情，那么就算某个具体的爱好随着时间发生变化了，两个人也有能力和意愿重新找到共享快乐的事情。

例2：情绪价值

近些年，"情绪价值"是情感领域里的一个流行名词。

首先要说明，严格来讲，情绪价值并不是心理学领域的名词，而是来自营销领域，它指的是消费者感知品牌的正向情绪与负面情绪之间的差值。后来，这个词被借用到情感领域，指的是和一个人相处过程中我们感受到的正面或负面情绪。

我们说的"高情绪价值"，一般是指一个人可以给别人提供特别正面的情绪体验。

在择偶这件事情上，很多人都会把高情绪价值当成很大的加分项。尤其是一些女孩，希望对方幽默健谈，同时还能包容和宠爱自己，却经常遭遇恋爱前后的巨大落差。特别是在遇到矛盾之后，她们很可能会忽然发现原来那个善解人意、百依百顺的伴侣消失了，对方甚至开始变得冷淡。

这是为什么呢？

事实上，在开始喜欢上一个人的时候，大多数人会积极主动地用各种方式去提供所谓的情绪价值，以此来提升彼此的相处体验。但在热恋期中，这些表现有时候是通过透支自己完成的。

激情退去后，很多人不再有精力和动力继续透支自己去提供情绪价值，慢慢就会退回自己习惯的日常模式，这就可能让伴侣产生巨大的情绪落差。

很多人会把这种正常的落差视为"爱消失了""喜新厌旧了"，然后匆匆结束一段关系。

这种情况是可以避免的。如果我们希望找一个可以稳定提供正面情绪体验的伴侣，那么在筛选伴侣的时候就需要转变思维去观察：对方给你带来正面情绪体验，这个行为背后的根本能力是什么？是对方的共情能力很强，或对方生性乐观、情绪稳定；还是对方在恋爱初期透支自己的精力取悦你？

前面说到的两种情况都可能让我们感到情绪上的愉悦。例如，对方本身就是一个共情能力很强的人，你在和他相处的过程中可以很自然地感受到被理解、被尊重；对方本身就是一个情绪稳定、乐观、充满正能量的人，和这样的人在一起，你自然而然就会受到对方快乐情绪的感染而变得更积极；对方在追求期间甜言蜜语多，可以包容你的小脾气，可以尽力配合你的要求。

很显然，前面两种情绪价值是一个人相对稳定的自身特质，是具备成长性、可持续的。但后面的第三种情绪价值，很可能就是热恋期的透支行为。热恋期过去后，大部分人都会回到自身原本的稳定状态，这种价值自然就消失了。

如果我们没有更深层地与对方相处和沟通，没有去观察对方情绪价值背后的能力，那就很容易一头扎进对方透支自己的取悦行为中，相处到后面才开始叫苦不迭。

通过上面的例子，相信大家已经对成长型特质有了更深刻的理解。

在看到对方吸引我们的某个细节时，我们要思考这个细节背后隐藏着对方的什么特质。

- 吸引我们的这个细节，都有可能在生活中的哪些场景里发生？
- 对方需要具备什么样的能力、性格或是特质，才能确保这个行为在生活中有可持续性？
- 落实到生活中，我们要从哪些场合去观察对方的行为，确认对方有我们在找的成长型特质？

打破慕强陷阱

很多时候，一个世俗意义上条件优秀的伴侣可能并不是适合我们的人。

先来说个故事。

小文的第一个男友，收入不错，高大帅气，热爱音乐，还会给小文弹吉他、写情歌，这些外显的亮点是他当初吸引小文的地方。其实小文并不喜欢音乐，但她觉得和这么一个外表光鲜的男友在一起，在闺蜜面前非常有面子。

但是在相处过程中，小文发现男友非常自我，永远谈论他感兴趣的话题，需要小文给他很多关注和赞美，小文每次都尽力配合。可事实上，小文也是一个非常需要关注和认同的人，但她每次和男友聊她喜欢的历史哲学类话题时，男友都很敷衍，并且很快就把话题转向了自己。

小文在这段关系中越来越疲惫并且产生了自我怀疑。

一段外人看起来郎才女貌的关系，因为两个人在关系中都越来越不舒服，很快就结束了。

后来，小文找了一个外表看起来没那么亮眼的男友，但是男友会在小文滔滔不绝的时候温柔地倾听，喜欢和小文碰撞各种想法，愿意给小文非常多的关注。

小文在这段关系中越来越自信，她开始明白，相互尊重、愿意倾听的伴侣才是她真正想要的。

上面的故事可以说是很多人恋爱经历的缩影。

在择偶这件事情上，很多人会被偶像剧或者文学作品误导，选择一个人的时候，会过分看重光鲜亮丽的外显亮点，而忽略长期相处中最重要的利他性特质。这样的关系多半像绚烂一瞬间的烟花，高开低走，最终湮灭。

利他性特质

什么是利他性特质？利他性特质看的是对方身上的特点能否在长期相处中惠及你。

就像前文所说的，所有特点都是有两面性的，一个特点对我们来说是优点还是缺点，主要看这个特点在关系中是能给我们带来好处，还是会影响我们对关系的满意度。

那么，要怎样搭建择偶框架，才能确保我们选择的特质有利他性呢？

首先，要辩证地思考对方身上的某些特质给关系带来的影响。打个比方，如果我们想找一个人缘很好的人做伴侣，这个特质带来的优势可能是对方情商高、性格好，有能力给我们提供情绪价值。同时，人缘好这个特质还代表对方有很多朋友，他会在社交上花比较多的时间和精力，这可能减少两人独处的时间。

如果我们接受伴侣需要花很多时间社交，甚至愿意和对方一起社交，那对方丰富的社交生活就对我们有益。我们可以享受对方的高情商、好性格，同时还有机会让伴侣加入我们的朋友圈。

但如果我们没有很高的社交需求，对关系的期待是两人能有时间独处，那对方丰富的社交生活可能会影响关系的舒适度。

因此，最重要的是要梳理清楚自己真正想要的、能够惠及自己的特质到底是什么，也就是自己的核心需求是什么。

下面接着举例。可能我们心里想要的是一个在处理矛盾方面情商高的伴侣，这样在恋爱中对方就有能力很好地处理两个人的冲突和矛盾，或许这才是我们要的利他性特质。

换句话说，我们并不是想要人缘很好的伴侣，而是想要有沟通能力、愿意面对和解决冲突的人，只不过人缘好恰好是这个特质最直观的表现形式。

理解了表象之下的自己的本质需求后，我们就可以换个思路——找伴侣的时候，不必仅仅关注对方的人缘好坏，而更应该观察一个人在面对矛盾和冲突时如何运用智慧去处理。消除表象的杂音，我们就能更精准地找到契合我们核心需求的人。

另一个常见的例子，就是很多人在找对象时会考虑的高学历。可是大家真正想要的特质，很多时候并非高学历本身，而是高学历背后所代表的东西。比如得益于受过良好教育的言谈举止、缜密的逻辑思维、更抗风险的工作，或是在学习过程中培养出的吃苦耐劳精神，甚至还可能代表理解教育重要性、支持孩子接受良好教育的原生家庭。

很多人相信，这些高学历代表的特质会在关系中给我们带来好处，所以在择偶期间才会特意对对方的学历提出要求。

可在关系里，我们对高学历的期待真的能一一实现，并给关系带来积极影响吗？

让我们来看看小莉的故事。

来访者小莉，喜欢上了小陈。小陈是个小镇青年，他靠着自己的努力获得了博士学位，在工作上也努力拼搏。正是凭着这股拼劲，小陈得以在大城市立足。

小莉出生在大城市，家境优渥，从事着一份清闲的工作，喜欢享受生活，是一个相对不那么拼的人。

小莉一开始被小陈的这种拼劲吸引了，并且觉得有这样一个优秀的男朋友真的很值得骄傲。她期待小陈认真读书、用心钻研知识的那股拼劲，也可以给自己带来努力的动力。同时，她也欣赏小陈的朴素，觉得小陈是个不过度追求物质、吃苦耐劳的人，也相信这些特质可以在关系中给两人带来好处，比如两人可以同甘共苦，不需要刻意追求一些虚荣的东西。

可是双方最终分手，也是因为这些特质。因为放到关系中，小陈身上"努力"这个特质的缺点，变得一览无余。他没日没夜地工作，根本无法陪伴小莉，更别提照顾到她一些敏感的情绪需求了。而小莉期待的不过度追求物质、吃苦耐劳，也和她想象的完全不同。小陈不仅自己不虚荣，还要求小莉跟他一起吃苦耐劳。然而，小莉觉得必要的、不奢侈的消费，在小陈的眼里是不必要的。两人在一起之后，小莉才发现，两人没有"同甘"，只有"共苦"。

在小陈又一次因为工作忘记了小莉的生日后，两个人的关系终于走向了结束。

在小莉的案例中，她犯了一个主要的错误。对于小莉而言，在关系中，她最底层的期待是有一个能陪她一起面对和享受生活的伴侣。

一开始，小莉看中的是小陈身上拥有的能承担生活风险的一些因素，比如努力、不过度追求物质、吃苦耐劳。但在恋爱中，这些优秀品质不但不能帮助两人一起面对生活，甚至导致两人都没有时间一起生活，反而给他们制造了矛盾。

最后，小莉才发现小陈的这些品质在关系中毫无利他性可言。

很多时候，我们找到了一个世俗意义上"优秀"的人，但是他的优点在关系中反而变成了最大的缺点，给我们带来了很多痛苦。

一个人的优缺点常常是一体的，在对象不同和条件不同时，优缺点是可以相互转化的。

有心理学研究表示，大部分人在一开始寻找人生伴侣时，会希望对方拥有所有我们想要的特质。但关系发展到后面，大部分人会渐渐看清，有些特质，比如外貌、金钱、幽默、健谈，在认识初期非常有诱惑力，但在长期关系里未必可以让自己幸福。

水晶鞋特质

和利他性特质相对的，是水晶鞋特质。

在讲水晶鞋特质是什么之前，我先来讲一个故事。

在某偏向现实版本的灰姑娘故事里，灰姑娘辛德瑞拉的两个姐姐其实是可以穿上水晶鞋的，但是她们为此付出了惨痛的代价 —— 大姐把大脚趾削掉，二姐把后脚跟削掉，二人血淋淋地穿上了水晶鞋。

但是，最后就像所有人都知道的一样，王子还是去找了真正恰好能穿上这只鞋的灰姑娘。

在现实生活中，没有那么多灰姑娘，大部分人只是名字都没有人记得的灰姑娘的大姐和二姐。作为普通人，往往会有很多外界的声音告诉我们什么是好的品质，但这些可能就是我们的水晶鞋，而我们不是灰姑娘，想穿上水晶鞋是要付出代价的。

水晶鞋特质有以下几个特点。

（1）**闪闪发光**。对方的某些特质看上去很美，由于闪闪发光，人人都觉得这些特质是优点，那么你面临的竞争压力也会比较大。更大的问题是，拥有这个特质的人往往很清楚地知道自己有选择权。这样的市场供需关系是不对等的，如果我们的核心需求充斥着这样的水晶鞋特质，在真的找到这些候选人之前，我们可能就已经陷入被动了。

（2）**华而不实**。让你十分着迷，但其实对你无用。面子工程总会让我们格外着迷，比如女生对男生身高的要求。很多女生严苛地规定男友的身高要在一米八以上，但这条要求对她本人来说的意义主要就是面子工程，未来孩子也不一定能遗传到这个身高。但是，当事人在谈恋爱的时候，往往会因为此类特质带来的他人的艳羡之情而非常重视。

（3）**削足适履**。难以割舍，不断牺牲。由于我们往往是付出了相当大的代价才得到了童话般的恋爱，这就变成了我们心里的沉没成本，我们会产生这样的想法：虽然穿上水晶鞋后，我的脚在流血，但只要我的大裙摆可以遮住它，我就会坚持穿下去。这个时候，哪怕关系不健康，我们要脱下这只鞋也会非常难。

（4）**麻木循环**。分手换人，往往也容易重蹈覆辙。水晶鞋特质美丽而脆弱，它的脆弱很容易导致关系破裂。而关系破裂后，我们很难意识到自己是因为追求某些水晶鞋特质而"踩坑"的，进而很容易多次踏入同一条河流。毕竟，一旦拥有过，我们便会拔高阈值、盲目追求。

　　每个人都可能本能地追求过某些水晶鞋特质，并为此付出了不少代价。我们可以回想一下，曾经和现在有没有追求一些水晶鞋特质呢？

择偶也要看人格特质吗

如果你有一些择偶需求，但不知道自己能吸引到什么样的人，或者自己的优点在哪里，怎么办？我们可以通过大五人格测试来了解自己的核心需求。

大五人格特质，又称"五因素模型"或"大五人格模型"，是目前公认的较为科学的人格分析模型。包括：

◆ **外倾性**（extraversion）：对外部世界的积极投入程度。

◆ **宜人性**（agreeableness）：在合作与维护和谐方面的表现。

◆ **尽责性**（conscientiousness）：发起和坚持目标导向行为的意愿。

◆ **开放性**（openness）：对经验持开放、探求的态度。

◆ **神经质**（neuroticism）：情绪稳定程度、体验消极情绪的倾向。

我们不仅可以用这个模型来自省自查，也可以在恋爱关系的前期和中期，认真评估我们与伴侣在这五个维度上的相同与不同之处。

1. 外倾性

第一个特质是外倾性，表示人际互动的数量和密度、对刺激的需要以及获得愉悦的能力。这个维度将社会性的、主动的、自我主义的个体，和沉默的、严肃的、腼腆的个体做对比。

这个特质可由两个水平加以衡量：人际的卷入水平和活力水平。前者评估个体喜欢他人陪伴的程度，后者反映了个体的生活节奏和活力。

外倾的人喜欢与人接触，充满活力，经常感受到积极的情绪。他们热情，喜欢运动，喜欢刺激冒险。在一个群体中，他们非常健谈、自信，希望引起别人的注意。

内倾的人比较安静、谨慎，不喜欢与外界有过多接触。这不能被解释为害羞或者抑郁，仅仅是因为比起外倾的人，他们不需要那么多的刺激，因此喜欢一个人独处。内倾人的这种特点有时会被人误认为是傲慢或不友好，其实一旦和对方接触，你就会发现对方是一个非常和善的人。

我们与伴侣在外倾性方面差异过大，本质上意味着我们获取能量的方式差异会很大。这个跟表面上看上去"社牛"与否、健谈与否没有必然的关系，它会影响到我们和伴侣对日常社交的看法。如果说在这一点上你和跟伴侣有重大分歧的话，你们可能会经常为此而吵架。

例如，内倾的人可能会觉得外倾的伴侣不顾家，总是出去玩，沉浸在虚无的社交中不能自拔，不重视自己和未来的家庭。

反过来，外倾的人可能会觉得内倾的伴侣没意思，在社交场合中不活跃、老是扫兴，对待自己的朋友不尊重、不积极。

针对这个维度，我们可以在了解自己后，在择偶框架中定出我们的喜好和不可接受的事项，并在初步了解对方的时候就考察以下四点：社交的密度、频率、节奏和独处需求。

但是，这个维度的差异并不是完全无法磨合的。如果两个人可以接纳彼此的差异，聆听彼此的需求，那么外倾的人与朋友社交的需求可以被接纳，内倾的人独处的需求也可以被接纳。彼此都可以保留各自的"充电"方式，获得满满的能量。这需要两个人的独立性、安全感都比较强，且双方能够包容彼此习性的差异。

2. 宜人性

第二个特质是宜人性。它的英文单词含义其实是中性偏褒义的，意思是友善、亲切、令人愉悦、惬意，在这个维度得分高的人会更乐于助人、更受人喜爱，甚至有把别人的利益放在自己的利益之上的表现。宜人性极端高则可能代表一个人有讨好型人格的倾向。

在另一个极端，即宜人性特别低的人往往果断、直接，这类人会下意识地去寻找不跟自己抢夺权力（即宜人性很高）的人做伴侣。但是在这种情况下，如果外界环境波动比较大，他们本身无法掌控局面的时候，他们可能会发现伴侣已经被自己"养废"了，无法依靠。

此外，宜人性过低的人独自生活看似没有问题，但是一旦进入亲密关系，双方就会纷争不断。

事实上，在极端情况下，哪怕其他的条件再好，宜人性极低的人都很难进入一段相互滋养的长期关系，因为他们不会给伴侣话语权，而任何人在一段没有话语权的关系中都是能忍一时，难忍一世。我们最终留在一段关系中的理由一定不是客观条件，而是我们喜欢这段关系中的自己。

最理想的相处状态是，两个人在外面努力工作争取资源，回家以后就收敛起自己的攻击性；不去跟伴侣无谓地抢夺亲密关系中的权柄，而是培养自己在关系中的宜人性，合作共赢；不用存量竞争的方式去经营共同的生活。

如果你发现自己的宜人性很低，请注意这一特质是可以通过学习迅速提升的。而一旦提升，你的择偶选择会呈指数级增长。

3. 尽责性

多伦多大学心理学教授乔丹·彼得森在他的课堂上举例说："假如 A 和 B 在同一个房子里住着，A 永远比 B 对于脏乱差的环境忍受能力弱，并且总是先于 B 做点什么，哪怕这个时间差只是 5 秒，最终 A 会承担绝大部分的家务，仅仅只是因为 B 可以永远多忍受 5 秒。"

尽责性高的人是一个家中不可或缺的主心骨，他们往往谨慎、风险意识强、可靠、不冲动、以目标为导向、讲究卫生。如果他们的伴侣尽责性很低，那么他们会逐渐承担起关系中更多额外的责任和劳心事，最终这会让他们觉得不公平。于是，如何表达和弥补这份不公平会是两个人磨合的关键。另外，尽责性高的另一面则是无趣、单调、乏味、工作狂、完美主义、容易上纲上线，等等。

尽责性过低的人会冲动做出大部分决策，延迟满足对他们来说是最大的难题。他们可能会给自己和他人带来麻烦，包括但不限于追求短期刺激但养成了长期不良习惯，比如懒散、马虎等。不过，尽责性低的另一方面则是让人内耗较少，并且可以快速决策，这样的人是生活中很好的玩伴。

当一个家庭中的两个人一个尽责性高，另一个尽责性低时，那么两个人相处的关键是找到双方共同期许的生活，在不同的课题上彼此引导，共同营造理想的生活；同时能够享受生活中的乐趣，达到一个令双方都舒适的平衡点。

4. 开放性

第四个特质是开放性，字面意思就是对陌生事物的开放程度。

开放性描述一个人的认知风格。这个维度得分高的人往往是好奇的、追求新颖的、非传统的，以及有创造性的个体。他们喜欢深入探究、兴趣广泛、不拘泥于常规、勇于创新，往往偏爱抽象思维。相反，开放性低的人讲求实际，偏爱常规，比较传统和保守。

用一个情侣经常吵架的场景——旅游来举例。

开放性高的人会倾向于享受一场说走就走的浪漫旅行。但如果这种人的伴侣恰好是开放性比较低的人，他就会觉得"说走就走"很不靠谱，因为他并不想承担创新可能带来的失败，只想确保本次旅游会让自己满意。接纳"说走就走"可能会对开放性低的人的内心秩序造成一定的破坏，进而演变成二人争对错的吵架。

磨合的秘诀是要做到抓大放小，在大事上达成一致，在小事上允许彼此释放天性。

5. 神经质

第五个特质是神经质，反映个体的情感调节过程，以及个体体验消极情绪的倾向和情绪不稳定性。

在这一特质上得高分者比得低分者更容易因为日常生活的压力而感到心烦意乱。得低分者多表现为自我调适良好，不容易出现极端反应。

世界上有海量信息，我们必须筛选自己接收的信息才能继续生活。神经质程度比较高的人相较旁人能注意到更多的信息，对外界刺激的反应比一般人强烈，这是他们的天赋，也是他们的诅咒，因为除了正面和中性信息，负面信息他们也会照单全收。

在建立良好的情绪调节与应对能力之前，他们容易产生心理压力、不现实的想法、过多的要求，而且他们容易冲动，更容易体验到诸如愤怒、焦虑、抑郁等消极情绪，容易处在情绪亚健康的状态下。

但是，高神经质本身并不是完全负面的，我们可以把它理解为我们的人际交往"雷达"的敏感程度。

如果能通过心理咨询帮助自己学会屏蔽过度的负面信息，高神经质的人便可以保证情绪稳定，这样一来，高神经质这把双刃剑非但不会伤到自己，反而还能为己所用。比起天生低敏、钝感的人，他们可以更好地感知他人的细微情感变化，并将其变为自己职场和情场上的法宝。

如果做完测试后，你发现自己在这个特质上的得分很高，那么你可以尝试接纳自己的敏感，管理自己的负面解读，发挥出自己的真正天赋。

最后，明确自己的需求，选择适合自己的伴侣。

恋爱 小练习

♡ 定制你的择偶清单 ♡

1. 让你的择偶偏好为成长型关系服务

（1）成长型特质

思考你在本章"化学反应的五个维度"中列出的择偶偏好，

看看可以修改哪些偏好，让它们更具有成长型特质。

当前的择偶偏好	在这个偏好背后，我最看重的是什么（性格、能力、特质）	拥有成长型特质的偏好
例：两人有共同兴趣爱好	例：对方有可以发现乐趣的能力，总是愿意探索新事物	例：对方对生活有热情，可以保持持续探索的动力

（2）利他性特质

你列出的偏好，是否能在长期关系中惠及你，或是否有利

于维护你和对方的关系呢？

当前的择偶偏好	这个偏好在关系中会如何体现	如何让这个偏好有利他性特质
例：爱干净，整洁	例：对方愿意打理自己，同时也愿意主动打扫家里的卫生	例：对方能照顾好自己的生活，比如维持个人、生活环境的整洁

2. 对你的择偶偏好排序

利用下面的表格，为你最终的择偶偏好清单进行排序。

· 为每条择偶偏好打分：从1到10打分，10是必须有/必须没有，1是完全不在乎有没有。

· 找出你的核心需求：按分数从高到低排序，分数最高的前六项就是必需项，分别筛选出三个必须有的特质，三个无法接受的特质；其余分数＞5的偏好，则可以放到加分项里，这些偏好虽然不是必要的，但是对我们有很大的吸引力；其余的则可以放进可有可无项，这些特质都是很好的特质，但是在择偶时它们并不会对我们造成很大的影响。

核心需求	加分项	可有可无项
三个必须有的特质		
三个无法接受的特质		

Chapter *7*

第七章

推进关系的秘诀

如何确定推进关系的时机

本章会和大家聊一聊，在关系的推进过程中，我们可以留意哪些重要信号，以此来判断对方是否靠谱以及是否应该推进关系。另外，我们可以释放出哪些信号，来鼓励另一半推动关系。

有兴趣了解你的内在

这里的"内在"指的是对方是不是想进一步了解你的想法和感受或是你对某件事情的情绪。比如：

◆ 对方会主动了解你在工作或家庭生活中的烦恼和喜悦吗？

◆ 对方对那些塑造你个人信念的经历感兴趣吗？

◆ 对方希望了解你的生活热情在哪里吗？对方愿意去倾听你的担忧和恐惧吗？

◆ 对方会和你探讨未来的生活应该是什么样的，会好奇你对感情的期待是什么样的吗？

◆ 对方愿意和你一起尝试你的兴趣爱好吗？

在推进关系的过程中，很多人会通过聊天的积极性来判断对方是不是认真考虑和自己发展，其实这是有欺骗性的。

我们判断对方是不是有认真发展的诚意，真正应该观察的是对方是否想要深入了解你。

之前有一位女性来访者求助，说她和一个男生聊了两个月，但不知道为什么关系一直没有实质性的推进。

在看了他们的聊天记录后，我对她说："这个人很有可能没有想和你认真发展长期关系。"

她很惊讶地问："不会吧，我们聊了那么久，氛围一直很好，有来有往的。男生还很幽默，整天逗我，你是怎么看出来男生没有认真考虑发展长期关系的呢？"

我指出，在他们的聊天中，大部分时候是男生在侃天侃地，但他很少表现出对女生选择的话题感兴趣。例如女生之前提到过两次自己的工作，但男生连女生大致的工作内容都记不清楚。

在我的提醒下，女孩回想起来，男生的确从来没有想过去了解她。她分享一些自己的故事和经历，男生常常敷衍几句，并很快就把话题引回到自己身上。

和某些人相处的时候，我们会发现，和他们聊天无比顺畅，氛围轻松愉快，但如果我们认为好的聊天氛围就代表关系进展顺利、对方想要认真和你发展，那就错了。

事实上，聊天氛围有欺骗性，氛围愉快很有可能是因为对方本身就很健谈，善于把握聊天节奏，展现自己的魅力。比如，对方可以轻易地把握话题走向，或是毫不吝啬对你的夸奖。这种气氛会让我们感觉和对方一见如故，甚至会觉得对方就是自己在找的灵魂伴侣，但这可能仅仅是对方展示自己、满足自恋情结的舞台。

那么，我们该如何确认对方是为了满足自己的自恋情结，还是真的对我们很上心呢？

在和对方交往过程中，你可以通过以下两点观察对方是不是真的有兴趣了解你。

（1）面对面接触的时候，我们可以去观察对方的眼神、表情，这些神态最可以流露真实情绪。如果一个人对你分享的话题感兴趣，他一定会在肢体语言上流露出兴趣和专注。

例如，对方专注地看着你，面带微笑，身体微微前倾，这些都是对你真正有兴趣的肢体信号。

（2）你可以尝试主动分享一些自己的故事给对方，看看对方是不是会顺着你的分享，追问更多以加深对你的了解。

比如，你分享了自己家里养了一只猫，对方会不会追问你为什么喜欢养猫，猫几岁了，是什么品种的，平时乖不乖。你告诉对方自己上大学时去过西藏，对方会不会追问你喜不喜欢西藏，为什么喜欢（或不喜欢）那里，哪些地方让你印象最深刻。

总而言之，一个真正喜欢你的人，会千方百计地希望了解更多关于你的事。

不过，我们也不要通过一次谈话就直接给对方定性。就像前文提到的，同样的行为出现三次以上，我们才可以称之为一个特点。

有的时候对方没有选择深入话题，可能是对某个话题完全不了解，不确定该如何提问。这时，我们可以多尝试几次，观察对方是仅仅对某些话题不太感兴趣，还是整体上缺乏了解我们的动力。

当然，我们也可以主动一些，先释放想了解对方的信号，比如对方在聊天中提到的兴趣爱好，我们可以将其安排为下次约会的内容；对方之前喜欢读的书，我们可以抽时间读一读，再和对方聊聊读后感。

我们的这些行为是在向对方释放"推进意愿"的绿灯信号，鼓励对方朝我们再靠近一步。

尊重你的亲密关系发展节奏

下面谈谈女生更关注的比较常见的问题，例如肢体亲密。

我们首先需要明确的是，肢体亲密是人的本能需求。如果两人接触了一段时间后，其中一方提出了亲密接触的暗示，这不代表对方别有所图或举止轻浮，对方可能只是真的很喜欢你，想要积极和你推进关系。我们不要一味否定这样的行为。

如果你觉得节奏太快，完全可以礼貌拒绝，告诉对方你觉得现在两人的关系还没有到那一步，还是想继续相互了解一下。

那么，我们到底应该怎么判断一个人是喜欢我们，还是仅仅想满足生理需求呢？

最重要的就是去观察对方是否愿意尊重和适应你的发展节奏。例如，在你拒绝了对方的试探或暗示后，对方表现出了什么样的态度？是对你表示尊重和理解，还是瞬间对你失去兴趣，抑或是反复劝说，试图让你接受他的想法？

当我们从长期角度来思考一段关系时，我们一般不会因为短期内没办法进行亲密接触而放弃这段关系，因为双方都知道，未来还有很多亲密共处的时间。

如果对方更看重生理需求和即时满足，对了解你的其他侧面不太感兴趣，那么对方可能不会有太多耐心，会不顾及你的感受频频试探你的底线。

同样，如果你是那个想推进亲密接触的人，你就要观察和尊重对方的意愿。

当然，如果我们在推进关系的时候被拒绝了，一定会出现沮丧、不安等负面情绪，这是很正常的。这个时候，我们可以从下面两个角度去看待这个问题，不让自己的操作进一步变形。

1. 理解对方的感受，不过度解读

就像前文讲到的，每个人在肢体接触方面都有自己的节奏，而且这个节奏可能天差地别。一些人觉得两人互相有好感，在暧昧期就可以过夜；而另一些人觉得两人要在正式确认情侣关系后才可以牵手。

在对方表达拒绝的那一瞬间，我们要先明白，对方拒绝肢体接触，可能并不是对你个人反感，而是对方有自己的边界，需要更多时间来建立亲密关系。

肢体接触被拒绝，是我们在约会时收到的即时信息。在约会中，我们可以先接受这个信息，等约会结束后回家复盘时，再进一步对对方的拒绝信号进行分析。

2. 坦诚沟通，调整期望

如果对方的态度比较开放，例如坦诚地拒绝，那我们可以以开放的态度和对方沟通一下，问一问对方的感受。

正确范例如："我刚刚想牵你的手，是不是有点把你吓到了？"不要直接用评价的方式提问，例如："你是不是不想和我牵手？"

在对方给出回答的时候，我们要认真倾听，进一步理解对方的立场和对边界、节奏的需求。我们可以表达对这段感情的重视，还有尊重对方边界的意愿，这么做本身就是彼此加深理解、让关系更亲密的契机。

在对方表达完后，我们就让这件事情过去。记得不要再追问，更不要过度强调和解释我们的想法，这两种反应都会让对方觉得不安全，需要进一步为自己做辩护。

最后，什么时候进行亲密接触其实也涉及一个人的价值观。如果你们在这方面的观念冲突真的特别大，那可能也不适合继续维持这段关系了。

在推进关系期间，好奇和尊重是我们要保持的两个最基础的态度，也是我们判断一段关系可否继续推进的重要参考。

带你融入重要的关系圈

如果你已经和对方接触了几个月，还是有点困惑你们的实质性进度如何，那么你可以停下来问问自己：对方有带我认识他的社交圈吗？如果目前还没有，那对方有流露出这个意向吗？

对方还没有带你见父母是可以理解的，但是对方有介绍你认识自己的朋友吗？或有想带你参加公司活动、朋友聚会吗？

在一段认真推进的关系中，你们不但会对彼此的内心世界越来越了解，同时在现实层面，你们也会越来越了解彼此的生活和社交关系。这些了解是在长期关系中两个人相处的基础。

如果你不太确定对方如何看待两个人的关系，可以尝试用下面三个方法推进这个话题。

1. 主动制造机会

你可以主动聊起一些需要朋友参与的社交计划，看看对方是不是对这个话题有兴趣，比如露营、密室逃脱或是在家里玩桌游之类的活动。你可以问问对方有没有兴趣参与你和你朋友的活动，或是问问对方是否愿意喊上自己的朋友来参与这些活动。

2. 旁敲侧击地提问

在一个双方都比较放松的时刻，我们可以问一问对方，该怎么和朋友介绍你们两个之间的关系。例如："如果你的朋友问起我们是怎么认识的，你要怎么回答？"这样的问题可以促使对方思考，同时透露你对关系发展的期望。

在这么提问的时候，我们也可以善用"我有一个朋友"的方法来提问。例如："我有一个朋友最近想给我介绍对象，问我还是不是单身，你觉得我要怎么回答对方比较好？"

3. 坦诚表达期望

如果对你来说打直球最轻松，那么我们也可以直接和对方温和地表达希望：自己想要更多地融入对方的生活，包括见到对方的朋友。

你可以直接说："我们已经接触好几个月了，我想把我的几个好朋友介绍给你认识一下，我们下周打羽毛球，你要一起来吗？"或者说："我一直在想，我们也接触很久了，我很想见见你的朋友，你觉得怎么样？"

这些谈话可能不会立刻有一个结果，不要期待你今天提到了这个话题，对方明天就安排了见面。但是，在我们开启这个话题后，对方会开始思考是否需要以及如何把这段关系带入自己的朋友圈，也会促使对方认真思考是否进一步发展你们的关系。

如果在几个月的相处中，对方从来没有想过带你见自己的朋友，或者当你想进入对方的交际圈时，对方就开始有意无意地回避，那对方很有可能是想降低自己离开这段关系时的成本。

会不由自主地把你纳入未来

在双方接触一段时间后，如果对方在认真考虑和你发展长期关系，那么对方通常会不自觉地去想象一些未来的事情。也就是说，对方关于未来的图景中是有你的。而这种思维通常会在语言和行动上不自觉地流露出来，我们要学会细心观察。

1. 对方是否会提及两人相关的长远计划

对方在谈论未来的时候，会经常提及你，或者用"我们"表达对未来的期待。

在两人刚开始接触时，对方对于未来的规划可能会始于"我们下周要不要一起去你想去的这个餐厅"。随着两人关系的深入，对方可能会开始畅想几个月后的假期两人可以一起出去玩，或是在提及自己的长期职业目标、生活目标的时候也把你纳入其中，比如在换工作的时候，对方可能会考虑公司会不会离你家太远，或者新工作会不会让你们相处的时间减少，等等。

2. 对方是否关注你对未来的规划

在对两人的未来有期待的同时，如果我们想发展一段长期关系，我们也会想知道对方对未来的期待和规划。

我们可以观察对方有没有对你的个人目标和梦想表现出关心和支持，长到你未来三五年的人生规划，短到下一个小长假你想去哪里玩。如果想和你有一个共同的未来，那么对方会对这些信息感兴趣，并希望能融入你的规划。

至于对关系没有长期打算的人，你会发现对方和你接触时保持的是一种享受当下的心态。对方可能哪天会突然心血来潮，叫你参加一个活动，或是忽然喊你一起去吃饭。你会观察到，对方很少会提前认真计划和你一起相处的时间，也很少根据你的日程去安排两人的相处。

一位女性来访者小美，她的前男友幽默有才，看起来风度翩翩。两人就像一对金童玉女，十分般配。

两人交往后，小美常常忍不住去幻想两人的美好未来。从下周一起去喜欢的餐厅吃饭，到下个月一起去看她期待已久的展览。但每当小美主动提起这些规划时，男生不是转移话题，就是顾左右而言他。

在安排约会时，男生总会优先考虑自己的时间安排，要小美来配合他。如果两人的时间规划有冲突，男生就更希望两人能各玩各的，不要互相打扰。

长此以往，在外界看来，两人自由又独立，堪比当代爱情典范。但小美的内心很困扰，她觉得男生对两人的未来毫无规划，对两人的关系也感到非常不安。

在一段稳定的长期关系中，两人的现实生活一定会慢慢交织在一起，形成一个整体。如果对方一直抵触在现实生活中和你产生更多连接，那你就需要按下暂停键，重新审视这段关系了。

两个方法挖掘关系张力

在关系中，张力一般指两人之间有来有往、情绪有高低起伏，但双方整体势均力敌的那种微妙的平衡感。

在关系中，我们都渴望张力，因为张力代表新鲜感，表示两人之间虽然关系趋于稳定，但总会有新的话题、事件以良性的方式打破两人的平衡，让关系持续保鲜。

在具体拆解张力之前，先和大家分享一个关于爱情的冷知识。

人类学家海伦·费舍尔博士通过对大脑的研究，发现我们通常所说的爱情，并不是一个模糊的概念。

爱情可以分为三个最基本的部分，分别激活了大脑的三个不同区域。

爱情的第一部分 —— 生理欲望

这部分很直截了当，就是我们本能的欲望。这部分欲望由睾丸素和雌激素主导。当一个对象对我们来说具有生理意义上的吸引力时，就可能激活我们这一部分脑区。

爱情的第二部分 —— 浪漫吸引

这部分主要由多巴胺和血清素主导。浪漫吸引，其实最贴近我们普遍理解的爱情。生命中来来往往那么多人，很多人都可以满足我们的生理欲望，但偏偏只会有那么一个人，让我们心神荡漾、茶饭不思，这就是浪漫吸引的魔力。多巴胺会主导我们的思维模式，让我们对未来的计划兴奋、好奇，刺激我们为了美好的未来去努力。

浪漫吸引阶段就是一个令人上瘾的阶段，当下美好的体验会加强我们对未来的期待，在和对方约会、聊天结束后，我们还会一直想象对方和自己的相处情节，对对方的世界充满好奇心和探索欲。

生理欲望和浪漫吸引都属于激情之爱，在我们刚刚坠入爱河的时候，这两部分通常都是很活跃的。

当然，既然它们是两个不同的部分，就代表着它们是可以独立发生的。打个比方，一些追求刺激的人，他们会对与自己发生关系的人产生欲望，但不会产生和对方谈恋爱的浪漫幻想。或是有些人对心目中的"白月光"①会有相遇、相知、相爱的浪漫幻想，却并没有和对方发生关系的急迫需求。

---

① 互联网流行用语，指一个人心中可望而不可即的人或事物。——编者注

爱情的第三部分 —— 依恋

依恋指的是随着相处时间增加，双方会产生的那种深深的联结感和依赖感。这部分主要由催产素和抗利尿激素主导，在长期关系中扮演着特别重要的角色。

在掌握了上面的知识基础后，接下来我们从聊天模式和展示性格两个层面来展开聊聊该如何创造关系的张力。

聊天模式中的张力

在暧昧期，我们最主要的行为就是去唤起对方的浪漫吸引。在这个阶段，我们的对话一般有以下几种常见的模式。

（1）**日常琐碎**。在某个时间、地点做了什么，或者计划做什么，围绕着一些事实维度展开对话。比如：现在在干什么？晚饭吃了什么？

（2）**娱乐对话**。这个模式就是"我们表达法"（我们独有的表达方法）的一个典型代表。比如斗表情包、抛梗接梗（尤其是只有你们两个人才知道的那种梗）、玩笑挑逗、暧昧暗示等。

（3）**观点碰撞**。这个模式则是更多地去讨论一些个人化的问题。比如对一些事情的看法、对一些观点的评价、对生活的理解、对未来的期待等。

（4）**表达情绪感受**。最后这个模式就是表达情绪感受、流露脆弱，比如委屈、担忧、愤怒、恐惧等。内容主要包括由生活中遇到的事情所触发的情绪，或者对成长经历的回忆。

很多让人毫无欲望的聊天，常常是在日常琐碎上一路走到黑，就像盘问式聊天：在吗？你今天在干什么？早饭吃了吗？你已经睡了吗？

这种平铺直叙的方式，既无法调动氛围、激发对方对我们的探索欲，又无法推进双方之间的了解，可以说是典型的低质量对话内容了。

在暧昧期，我们可以更多地把对话往其他三种模式上引导。

比如娱乐对话，这种模式下虽然双方看起来总是在说一些无意义的废话，但经历过的人应该都知道，在暧昧期间，我们对话的氛围感远比内容重要，只要气氛到位了，暧昧的空气流动起来了，即使是废话也能让人流连忘返。

娱乐对话天然就是给暧昧制造土壤的，我们在化学反应的亲昵与激情维度中，也提过这种无厘头关注的重要性。两个人就像打乒乓球一样，你发出一个球，我挡回一个球，你一下我一下。这样很容易激发互动的兴奋感。

最好多创造一些只有你们两个人知道的梗，比如给对方取一个只有你们二人知道的昵称，根据两人的经历创造只有你们才懂的笑话，这会让对方感受到你们之间独特的连接。时不时见缝插针地进行半开玩笑式的试探，也可以激发对方对我们的好奇心和探索欲。

上面说到的这些娱乐对话都会促进多巴胺分泌，让对方对我们产生爱情初期最重要的浪漫吸引的感觉。

所以，不要执着于每句话都有意义，多说有趣的废话很重要。

此外，观点碰撞在暧昧期也很重要。

坦诚谈论观点对彼此增进了解很有帮助，但在暧昧初期，观点碰撞最好不要成为聊天的主色调，否则氛围会变得沉重，你也很容易踩到对方的雷区。我们可以抓住契机，间接了解对方的想法。比如两个人都看了某部电影或某本书，我们可以借用其中角色的某个做法或性格特点，先问一问对方的看法，同时也说说自己的看法，把这些作品或别人的故事作为载体，展开聊一聊其中映射的三观。

两个人的相似性对吸引力有很重要的影响，如果在碰撞观点的时候，你发现对方和自己恰好有相似的地方，就可以抓住这一点开始发挥了。你可以多强调这个相似性，让对方觉得喜遇知己，迅速提升亲密度。

然而，当你遇到两人观点不一样的时候，也千万不要假装认同对方。因为我们在暧昧期说的每一个谎，都会成为日后关系中的一个雷。

我们可以把差异当成增进了解的机会，不必急着在观点不一样的时候去争辩或者否认，而要认真倾听。对方为什么有这样的观念和想法？是什么样的经历和故事造就了现在的他呢？这是一个非常好的加深了解的机会。

原则上，如果喜欢对方，那么在关系前期我们可以尽量弱化不同的地方，多去捕捉两个人相似的地方并对其进行强化。如果多次交流之后，我们发现二人有很多底层价值观确实很不一样，甚至有的价值观差异让我们觉得不舒服，那正好也是帮我们在早期做出筛选。

最后，我们来聊聊表达情绪感受。

流露情绪、暴露脆弱是通往亲密的必经之路，所以这一类对话对于增加两个人之间的亲密感是最有效的。

但同时也存在一个问题：如果在相处前期过分自我暴露，我们会容易失去神秘感，让对方失去探索欲，很容易就跟对方处成了好朋友。而关系的推进是需要一些激情和好奇心来驱动的。

因此，这类对话内容不要常用，最好是在两个人轻松愉快地互动了一段时间，产生了暧昧火花之后，再找到机会切入。例如，两人有不同观点的时候，就是去了解对方过去经历的很好的机会，我们可以顺水推舟地进入这种推进亲密的深度对话模式。

要注意，如果对方不愿意分享，我们可以先主动聊聊自己的感受和心事。人的情绪是流动的，一般来说，如果我们愿意先向对方敞开心扉，对方就会受到你的感染，来与你共情。对方会在这个过程中一点点打开自己。

展示自己的性格张力

性格张力是比外表魅力更加持续吸引对方的、属于我们的财富。

很多人可能会觉得，性格张力并不是谁都拥有的，自己并不开朗健谈，甚至有些内向，不会有什么张力。

事实上，只要用心挖掘，我们每个人都可以拥有自己的性格张力，最直接的体现就是"形象反差"。

什么是形象反差呢？

举几个简单的例子。一个工作很忙的男生，如果同时还喜欢做饭，很会享受生活，你会不会觉得他很不一样，很想进一步了解他是如何做到的？一个平时感情细腻、性格温和的男生，遇到职场霸凌或者其他原则性问题时绝不退让，你会不会觉得他很与众不同，想知道他为什么能这么有底气？一个外表温柔似水、女人味十足的女生，却是一个泰拳高手，你会不会觉得她气质神秘而独特，有探究和了解的欲望？

你会发现，这些魅力点有一个共同之处，那就是形象反差。

木兰女子从军，项羽铁汉柔情，我们看历史长河中那些充满魅力、广为流传、深入人心的故事的主人公，往往是性格侧面丰富，甚至多有形象反差的人物。

不同的性格侧面，甚至一些看起来冲突的性格特质在一个人身上呈现，这种反差就会形成张力，同时也会带来魅力。

分享一个朋友的故事。女生小羊在工作场合认识了一个男生，两人相互间都有一些好感。

两人约会了三次，爬山、看电影、吃饭，其间男生明确表示自己很欣赏她这种工作能力强的女生。但女生总觉得和男生有距离感，感觉对方对推进关系总是缺乏一点热情，两个人之间的氛围容易回到职场中的那种状态。

她向我求助的时候，我了解到，小羊有一个很温暖的特点，她很喜欢小动物，还在她所在的城市里组织过流浪猫救助。

考虑到他们最初是在职场环境中认识的，男生已经看到了小羊雷厉风行的一面，我建议她把下一次约会安排到能够自然地展现她和小动物相处的场合，比如猫咪咖啡厅，让对方看到和初识的时候截然不同的她。

果然，在第三次约会后，两个人的关系一下子推进了不少。

后面小羊告诉我，这个男生打心眼里觉得又飒又暖的姑娘真有魅力。

这个例子只是一个参考，你需要去挖掘属于你自己的独特的性格特点组合。我们不要被某一个性格标签定义，比如"理工直男""游戏宅男""女汉子""乖乖女"等。不妨自己先抛开这些标签，去探索自己的其他性格侧面——自己在不同的环境下，在和不同人的相处中，有哪些不同的鲜活形象。

这些都是真实的你，大方地向对方展现吧！

在和对方接触的过程中，一点点地去展现这个真实、丰富的你，给对方带来惊喜，创造出有趣的相处体验。

这个过程不仅是一个给对方惊喜的过程，也是你进一步认识自己、增加自信的过程。

三个原则，让你顺利走向长期关系

我可以对你好，也可以随时收回我的好

所有人都渴望被偏爱、被看见。因此，在对方真正有需要的时候，如果你及时施以援手，且能够实际帮到对方，或者给出很好的解题思路，又或者能做到走心的陪伴和倾听，这些都是非常加分的。

但是，请不要事无巨细地去满足对方。如果你把对方大大小小的要求都当成重要的讨好机会，那么很可能让对方觉得你很闲，好像你没有其他更重要的事了，对方很容易把你放到"工具人"的位置上。

因此，你需要了解对对方来说什么是真正重要的东西，在重要的地方去提供价值。其余的时候，你可以根据自己的安排适当地拒绝。你足够珍惜自己的时间和精力，对方才会足够珍视你的付出。

先来看看有哪些无效（减分）付出。

1. 无聊的关心

打卡式问候、每天汇报行踪或者发送幽默短信、提醒天冷多穿衣和下雨要打伞等，这些价值都非常低且可替代性极强。

2. 讨好的付出

花很大精力或者金钱去满足对方的一个没那么重要的需求，这种用力过猛的行为，会让你的目的性昭然若揭，也会让对方觉得你肯定是没有其他更好的选择了才这样卑微讨好。

你的关心要有侧重和选择，去关注真正对对方重要的事情、情绪或者需求。你要抓重点，但无须面面俱到。有重点地提供价值和回应，才会让你的关心具有稀缺性。

那些武侠剧里英雄救美的大侠，都是在关键时刻挺身而出，让被救者心生仰慕的。大侠不会整天没事找个地方啰里啰唆。

那么，有哪些关心能够加分呢？这个其实因人而异。下面举一些例子。

（1）**情绪上的认同和支持**。捕捉到对方的情绪波动，在对方心情陷入低谷的时候送一首应景的歌，让对方感受到你润物细无声的理解。在对方想吐槽的时候代入对方的立场，认同他的情绪，陪他吐槽，和他站到同一阵营，让他对你产生遇到自己人的亲切感。

（2）**干净利落的解决方案**。在对方遇到现实中的困难时，如果解决他的难题正好在你能力范围内，那么你可以直接用行动去表达支持。比如，在对方工作不顺利的时候，给出清晰、可操作的解决思路，或者提供相关的资源和信息；对方身体不适而身边又没有其他人帮忙的时候，用实际行动去照顾对方。

当然，如果对方只享受你的付出，而丝毫不懂回馈，我们也要学会有分寸地拒绝对方。

举个常见的例子。对方经常对你的信息已读不回，有事求你帮忙的时候又来问你："现在在干什么呢？可不可以帮我一下？"

你不要马上照办，可以这样回复："没问题。我现在正在外面和朋友聚会，估计会玩到挺晚。""我今天手头工作很多，明天下午有空的话帮你看看。"

这个回复传达出了这样的信息：我虽然关注你、关心你，但我并不是围着你转的，我有自己生活的优先级和丰富的社交圈。我有意愿也有能力满足你，但我也可以拒绝你。

总而言之，你可以主动选择是否满足对方，可以选择满足对方到什么程度，也可以随时收回满足对方的能力；可以主动走近，也可以主动离开。保持好这个心态，"主动"就不会变成"讨好"。

这条原则在长期关系里也一样适用。

引导对方成为对关系有期待的共创者

关系是一个系统。在两个人的关系中，如果一方长期扮演一个角色，那么另一方就会扮演相对应的角色，让关系系统达到某种稳定的状态。

就像一些常见的家庭里，一个甩手掌柜型的丈夫，通常有一个大包大揽的妻子；一个没有主见的儿子，通常有一个强势的母亲。

同理，在暧昧关系中，如果我们充当了那个一头热的付出者和建设者，那么对方在这段关系里的角色就自动变成了享受者和旁观者。

对对方来说，虽然他享受到了一些好处，但他并不是你们这段关系的共创者，对这段关系没有参与感和归属感，也就意味着他不会那么在乎这段关系最终的结果如何。

他们就像在一家公司上班，总是趁老板不在时偷懒，只想着按时领薪水；一旦公司效益不好，他们就赶紧跳槽。

但如果你是这家公司的创始人，主导公司从 0 到 1 的成长过程，知道自己的决策会影响公司的发展方向，你就会怀着主人翁心态，对公司的发展前景和生死存亡格外上心。

因此，在暧昧关系中，我们要适时地引导对方参与进来，让对方成为这段关系的共创者和合伙人，让他对关系产生归属感。

举个简单的例子。你可以向跟你处于暧昧关系中的女生提出一个请求："下周我妈妈过生日，我想给她买一套首饰，我看你发的朋友圈动态，觉得你审美特别好，很有品位，可以帮忙推荐一下吗？"

这样一来，一方面表达了你对对方审美的认可；另一方面，你妈妈的正面反馈还可以自然地为下一次互动开启话题。给妈妈过一个愉快的生日就成了你们共创的美好经历。

这个例子就是在引导对方成为这段关系的参与者和双方经历的共创者。

从另一个角度来说，我们都会追求认知和行为的一致性。适当地让对方为你做一些事情，付出一些努力，大脑会给对方"喜欢你"的暗示，对方也可能真的会越来越喜欢你。

让对方享有自主权

如果暧昧氛围渐入佳境，有些人可能会开始着急，想赶紧和对方确定关系，以免对方改变心意。而事实上，很多关系的告吹恰恰是因为我们在这一环节太着急了。

其实我们不必急于确立关系。任何时候，关系实质都比关系名分重要。

关系是有规律的，它有自己的进度条，其中包括吸引力、亲密度、信任感等元素。这些衡量关系亲疏的元素会随着相处时间和互动体验，慢慢在进度条上发生增减变化，也不会因为一个"情侣"的名号就戛然而止或者攀上高峰。

不要以为有了男友或者女友的名分，关系就自然安全了。毕竟若是名分就足以保障关系安全，又怎么会有那么多分手和离婚的人呢？

事实上，关系越深入，我们越需要给对方自主权。

自主权指的是，我们做的每一个决定都是出于我们的自由意志，而不是受到外界的压力或者某个人的胁迫。自主权是我们做一件事情的内驱力，拥有了自主权，我们才会心甘情愿地去做一件事情。

在吸引阶段，我们需要让对方感受到"这段关系是我在自由意志下选择的，而非别人逼着我进入的"。

在现实生活中，很多人（尤其是女孩）自己的客观条件很优秀，双方感情的开局也很好，但最后他们就是无法与对方进入长期关系。

问题就出在他们对对方、对关系的掌控欲太强。关系都还没有确立，却开始行使对象甚至父母的权利。比如对对方交什么样的朋友评头论足，对对方的一些自己看不惯的生活习惯指手画脚，对对方不及时回自己信息发泄负面情绪。

这时，对方在心里就会亮起一盏红灯：连关系都还没有确立，就已经这样入侵我的生活了，确立关系不等于把自己送入牢笼吗？

如果一方有意向发展长期关系，那么在交往过程中，他会在潜意识中去考察另一方：

◆ 对方是否允许我去追求我喜欢的生活方式呢？

◆ 对方会不会挤压我的个人空间，干涉我的社交圈子呢？

◆ 对方尊重我的关系推进节奏吗？

◆ 对方可以给我安全感和信任感吗？我在对方的身边可以诚实
  地表达情绪吗？

除了恋爱，每个人都有自己珍惜的事业、朋友圈、兴趣爱好、
生活方式，这些在你们相遇之前就已经存在于对方的生活中了。
如果你仗着对方可能也喜欢自己，就开始要求对方去放弃自己本来
生活中重要的东西来满足你，对方可能就会对发展长期关系望而
却步。

事实上，你越表现出接纳对方原有的生活方式、理解对方的追求，
让对方觉得自由和舒适，对方就会越渴望和你发展长期关系。

因此，在暧昧期守好自己的边界非常重要。

有几个需要注意的点和大家分享一下。

1. 不要轻易去评价对方的父母和朋友

对方的父母和朋友（闺蜜、兄弟）都比你早那么多年陪伴在他
身边。对方和他们的情感连接远强于你，而且这些人也是对方自己
身份认同的一部分。如果我们对他身边的亲友表现出不满意，在对
方看来，这就是对他的不满意。

**2. 不要一股脑地给对方提各种要求，不要让对方为你的不安
全感负责**

很多人和喜欢的人接触了几次，就对对方有了很多期待。

如果在这个阶段，你的潜意识里就已经把对方放到了对象的位

置，你对对方行为上的要求就会变得非常高，和你们现在关系的真实状态并不对等。

于是，就会产生以下错误的逻辑链：

把对方当成对象来期待（高期待）→潜意识里排除了其他选择（觉得自己没有其他选择）→心态上变得患得患失、焦虑不安→给对方带去巨大压力

在双方彼此通过筛选之前，也就是确立恋爱关系之前，你们的关系就只是朋友而已！请务必保持清醒。

3. 鼓励对方去做自己想做的事情

如果你能做到这一点，它将会是一个非常高的加分项。每个人都有自己想追求的生活方式，当对方觉得你不仅不会给他带来阻力，还会助力他的追求的时候，他就会更愿意把你纳入未来的长期规划了。

4. 学会不带评价地倾听

让对方感受到可以和你分享所有事情，而不用担心被指责或嘲笑。

暴露脆弱是建立亲密关系的必经之路，如果对方在某个时候愿意向你敞开心扉，流露出一些内心的脆弱或者阴暗，恭喜，这是亲密升级的标志。这个时候，我们要做的只是倾听和理解，不

要做任何评价或者自以为是地提建议。这也是你真正走近和了解对方的好机会。

能在吸引对方的同时还不滥用这份吸引，让对方在关系中感受到自由舒适，是让一个人决定从短期约会走向长期关系的关键。

什么样的话题适合推进关系

随着关系的推进，我们会慢慢开始期待更深入的沟通，缔造深层次的亲密。

在当下的关系升级阶段，我们的目标是与对方进一步互相了解，并在第一印象好、彼此合适的基础上推进和确认关系。

在本节中，我们将为大家讲解以下两个知识点：

1."浅水区"与"深水区"的概念

2.推进阶段的话题推荐

浅水区与深水区

浅水区与深水区是什么意思呢？

这是一个简单易懂的比喻。如果把相处比作游泳，那么我们不能在没有掌握游泳技巧的情况下，贸然游向感兴趣的人的深水区，因为这样很容易溺水。

正因为我们珍视这段可能的美好缘分，所以要先在浅水区试水，即使摔倒也没有那么危险。

为什么需要浅水区的试水

浅水区话题可以参考前文提及的表层话题或是没有展开细聊的深层话题。和刚认识没多久的异性一上来就聊一些敏感话题，很容易让约会崩盘。

在建立起信任之前，我们需要先把简单的浅水区话题，也就是不容易冒犯彼此的、不容易踩雷的话题聊好，建立两个人的"水性"，对彼此有一些了解，尤其了解彼此的雷区，清楚如何避免引爆彼此。

为什么需要深水区的冒险

话题过于浮于表面的话，聊再多也无法让亲密感有质的变化，这也是为什么我们在浅水区建立两个人的水性以后，要去尝试游向深水区，并且安全返回。

在约会初期聊浅水区话题，是为了帮助我们展现宜人性。不建议一上来就讨论敏感的深水区话题，比如原生家庭、成长背景、政治观念、生活期待、对男女平权和家庭分工的观念等。这些话题很容易导致给人贴标签或者下定义，在没有建立起初步的安全沟通环境时，双方是很容易产生冲突和对抗的。

但是到约会后期,深水区话题在亲密关系中非常重要。我们发现,能长久相处的伴侣，在深水区话题上观点不一定完全一致，但至少不会发生激烈的冲突。

推进阶段的话题推荐

1. 脱离现实类话题和了解现实类话题

脱离现实类和了解现实类这两类话题如同镜子，反映出每个人的独特偏好，而这些偏好在前三次约会时往往会有所呈现。

有些人热衷于脱离现实类的话题，比如思想实验、历史故事、政治局面、书籍电影分享、价值观碰撞、社会议题与政策等。这类话题没有强烈的目的性，却能深刻地揭示我们内心深处的喜好和价值观排序。讨论这些话题时，我们往往会自然地上升到概念性的讨论，比如自由与责任、和平与战争、权利与代价。

在讨论这些话题时，要注意不要自顾自地滔滔不绝。选择双方都感兴趣的话题尤为重要，否则容易让不感兴趣的一方迷失在复杂的概念中。

讨论结束时，不要急于上升到判断对错，而要尽量将大话题落到实处，联系到自己的生活。这样不仅能保持对话的互动性，还能避免无谓地扣帽子、伤感情。

举个例子，很多女生关注男生对男女平权的看法。如果直接问，大多数男生可能会受到网络舆论的影响，觉得这个话题具有攻击性，导致他们参与讨论的积极性降低。然而，我们可以用低代入、低指责的方式来探讨这个话题，比如讨论别人的故事。

有一位来访者抱怨说，她的约会对象对平权话题不感兴趣，她认为对方可能不尊重少数群体。

在咨询后，她意识到，自己简单直接的判断并不一定是对的，而直接询问又会让对方感到不安全。于是，在一个悠闲的午后，她和对方一起听歌，随口问对方最喜欢的歌手是谁。男生回复说最喜欢张国荣，并感叹那个时代的少数群体是如此艰难。女生瞬间意识到自己误会了对方，两人在这个话题上的观点其实很契合。她看到了在没有评判压力的情况下，男生可以更好地表达自己，便逐渐学会不再逼问对方。

与脱离现实类话题相对的镜像话题便是了解现实类话题，这些话题包括但不限于金钱、升职、求学、职场问题、朋友近况、原生家庭、城市选择等。

每个人对这两类话题往往都有自己的偏好，了解彼此的偏好，有助于我们平和地面对彼此的差异。

曾经有一位女性来访者，她希望睡前与喜欢的人聊职场发展，但对方却不愿意配合，这让她感到很挫败。经过深入的交流，她发现对方不愿意聊这些话题，是因为他觉得聊这些只会增压而不是减压。

对他来说，额外花时间讨论职场问题并没有实质性帮助，这并不是因为他不愿意支持女生，而是他觉得这样做并不能有效解决问题。互相理解后，他们不再因为话题的喜好而争吵。

要想判断对方对哪类话题感兴趣，可以观察他平时的生活习惯。比如，他是否会和同事下班后进行社交活动，或者他平时阅读、获取信息的偏好等。

这两类话题也可以相互引导。

举个例子，我非常喜欢一部经典电视剧《天道》，在和人聊天时，我会在合适的时候提到这部电视剧，观察对方的反应。不同的人会有不同的反馈，有的人会说他们从中学到了很多，那么我可能会顺势引导到职场话题。比如一个男生正处于职场上升期，正在经历从做事到管理的转变，当陷入一些困境时，他会通过电视剧学习应对之道。而有的人对这部电视剧非常抵触，认为它展现了一些人情糟粕——很多人忽视了事情的本质，只顾着尔虞我诈。

通过讨论这个相对中性的电视剧，我可以了解不同的人在对待人际关系和事务上的不同偏好，而不需要直接追问对方。

有些心直口快的人可能会觉得，用得着想这么复杂吗？如果对方不坦率，换人就好了。

但是，并不是所有的隐瞒都出于坏的动机。在前期相处中，如果对方对我们有好感，他就会更愿意包装自己以获得我们的青睐。

哪怕喜欢直接沟通，我们也不要在前期强求对方和自己的坦率程度一致，而要在享受好感之余，更客观地观察对方。于是，这两类话题就可以作为我们观察的窗口。

2. 个人认可类话题

每个人都对自己的理想自我有一些幻想。这类话题没有标准答案，更不容易引发争吵，却能让我们更深入地了解对方的内心世界。

（1）英雄情结

无论是小时候拿着木棍假装大侠，还是裹着床单假装魔法少女变身，每个人心中都有一个想成为的英雄。

如果我们可以拥有一种超能力，你会选择什么？英雄情结是我们脱胎于现实又超脱于现实的幻想。这类话题我们在日常生活中可能羞于启齿，但在亲密关系中可以尝试讨论。好的伴侣既可以是战友，也可以是玩伴，二人互为盔甲、互为孩子。

（2）人生梦想

每个人都有不同的人生梦想，这些梦想塑造了我们的目标和行动。即使背景相似，但目标不同，人生轨迹也会不同。有些情侣初期甜蜜，后期却因愿景不同而分道扬镳。因此，了解彼此的梦想，可以帮助我们判断未来的相容性。

（3）人生哲学

相似的梦想可以通过不同的人生哲学来实现，有人信奉"一力降十会"，有人信奉"识时务者为俊杰"。了解对方的人生哲学，有助于理解他们追求梦想的路径和选择。更多的信息可以带来更具体的共情，降低沟通成本，让我们避免在深水区溺水。

（4）兴趣爱好

兴趣爱好是个人认可类话题中最普遍的，可以分为两个人分别感兴趣的爱好、共同感兴趣的爱好，以及都想探索但尚未开始的爱好。讨论兴趣爱好时，可以观察对方在时间和金钱上对兴趣爱好的投入，不是为了评价，而是为了了解彼此的生活规划和价值观。

（5）最系列

最后，可以做一些思想实验，问对方极端情况下的问题，比如最大的压力源、最大的恐惧、最幸福的一天是什么样的。

这类问题不建议一开始相处就聊，因为需要真挚的回答，会比较耗费精力。随着感情的加深，可以逐渐探讨它们。这类问题的答案常常出乎我们的意料，也可能成为通往真实亲密关系的钥匙。

这些话题看似虚无，但如果聊得好、回应得好，它们就会成为两个人之间坚不可摧的纽带。双方可能会因这样的话题成为世界上最了解彼此的人，这种吸引力将非常强大。

Chapter *8*

第八章

识别有毒关系的信号

遇到黄灯信号要警惕
遇到红灯信号要撤离

遇到黄灯信号要警惕

本章将讲述在确认恋爱关系前，我们要走的最后一步 —— 全面分析一段关系是否适合自己，然后做出决策。

在推进关系的过程中，我们不但要捕捉好的绿灯信号来推进关系，同时也要留意需要警惕的黄灯信号和红灯信号，并且根据这些信号调整我们对关系的预期。

发现一些黄灯信号的时候，我们要提高警惕，但是尚且可以把对方放到观察区或者通过与对方沟通来调整。

故意降低你对关系的期待

第一个常见的黄灯信号，就是对方会特意去降低你对关系的期待。

在你们相处的时候，你可能会反复听到他说类似下面的话。

◆ 我害怕处理不好亲密关系。

◆ 我现在还没准备好正式恋爱。

◆ 上一段恋爱经历对我影响挺大的，我现在不知道怎么开始新的恋爱。

◆ 最近工作好忙，我很怕没时间恋爱。

如果你正接触的人在你想推进关系的时候，有意无意地和你说类似以上的话，那么他很可能是在做只暧昧、不承诺的免责声明，通过提前给你打预防针来降低你对他的期待，同时做好了随时抽离的准备。

当然，这个反馈的背后有各种各样的原因，比如前文提到的，当一个人自身状态处于低谷、生理需求都没有被满足的时候，他很难有精力和能力去给恋爱腾出时间和空间。

遇到这种情况，我们首先要明白，对方暂时不想与你谈恋爱并非因为你不优秀，而是在目前的人生阶段，对方没有分配给恋爱的精力。

这种情况下，我们当然可以选择一个更有投入意愿的对象发展恋爱关系。但如果你还想再争取一下，那么最重要的一点就是保持自己的能量充沛和稳定。

经常有人问：如果对方压力大，我可以为对方做点什么呢？其实，在对方压力大、对未来焦虑的时候，你能做的就是保持自身的能量和生活状态稳定。在这个阶段，千万不要受到影响，跟着对方起伏不定，而要维持好自己的日常生活，让对方觉得，在目前这个动荡的生活状态中，还有你这么一处稳定的锚点可以让自己觉得安心。

在自身稳定的基础上，我们可以尝试给对方提供一个安全的对话环境，让对方在和我们相处时觉得自己是可以被理解、被包容的。同时，在对方想要独自思考和做决策时，我们也要给对方独立思考的空间，不去干预对方的决策。

相反，如果在对方压力大的时候，我们还持续施压，要对方给一个答案，或者我们的情绪也跟着对方跌宕起伏，那么对方不仅要承受自身的压力，还要接收到来自你的情绪压力。在面对这种无解的问题时，大部分人会选择知难而退。

对你的态度非常不稳定

第二个需要警惕的黄灯信号，就是我们常说的"忽冷忽热"。你在和对方约会或者单独相处的时候可能特别开心，觉得自己好像是对方的全世界，很留恋和对方在一起的感觉。

一旦各回各家，对方就好像全然忘记了你，你接连几天可能都得不到对方的消息。

对方可能会有一些听起来合理的理由：工作太忙、最近心情不好、临时有事。这些可能会让你觉得不舒服但又无法反驳。

可想而知，你的心情会像坐过山车一样忽上忽下。

忽冷忽热是一个特别常见的需要引起警惕的信号，最可怕的是，这种不确定感让我们格外沉迷。

为什么呢？一个著名的心理学实验可以解释这个问题。

心理学家斯金纳在一个箱子里放了一只饥饿的小白鼠，还放了一个有杠杆的喂食器。

第一次实验的规则是，只要小白鼠一按喂食器杠杆，就能吃到食物。在这个情况下，小白鼠只有饿了的时候才会按杠杆。

第二次实验改变了规则，按压杠杆出食物变成了随机事件，也就是食物有时出，有时不出。小白鼠完全不能确定自己什么时候才能吃到东西。在这种情况下，小白鼠一直拼命地按压杠杆，哪怕得到食物的概率不到 1/10，它依然在疯狂地按压。

由此可以看出，相比"固定奖赏"，"随机奖赏"更具有吸引力。

我们和某些人恋爱的时候，经常会有冰火两重天的体验。对方时而热情似火，过一阵儿又断崖式冷淡。对方不确定的态度，让我们的情绪如同每天都在坐过山车。

就像小白鼠为了获得"随机奖励"不停地按动杠杆一样，对方忽冷忽热、若即若离的态度，也会让我们更加疯狂地渴望对方。时间久了，我们会误以为这种让我们心潮澎湃、情绪激动的感觉才是爱情。

健康的爱不一定时时刻刻像阳光一样强烈，但是也绝不会动不动就让你如置冰窖，感到困惑不解。

如果对方的行为触及了我们的安全底线，那直接与对方沟通是最好的方法，同时我们还可以尝试使用更有技巧的表达。

一位女性来访者杏仁，她接触的男生工作很忙，在工作日基本就是消失的状态，但一到周末又会准时出现，约杏仁出来玩。

这件事让杏仁十分困扰。理论上这个男生并没有做错什么，因为他们并没有明确恋爱关系，可是杏仁仍旧非常生气和困惑；她又担心如果很严肃地质问对方，两人都会感到尴尬。

我给她提了这样一个建议：当这个男生下次再消失时，试着用半开玩笑的语气表达她的不满。

当男生又来找她时，杏仁开玩笑地回复说："震惊！某男子失踪三天后竟离奇出现！这三天他到底经历了什么？这背后又隐藏了什么？是人性的扭曲还是道德的沦丧？"

在她这样说之后，男生第一次意识到杏仁其实在被这件事困扰。

后来，两人见面时又聊了聊这件事，杏仁明确地说出了自己的期待，男生也开始为两人的相处做出一些调整。

当然，更重要的是，遇到这种情况，我们需要回到择偶框架上去思考。也许对方在别的方面都很优秀，但正如前文所说，如果对方的优秀没有利他性，不能给你们的关系带来好处，那么他再优秀也与你无关。

问问自己：我想要一个什么样的伴侣？一个没有能力保持稳定联

络的伴侣，能满足我对安全的需求吗？

隐瞒重要信息或故意模糊

隐瞒重要信息或故意模糊是第三个非常值得警惕的信号。

如果在你们相处了一段时间后，对方在某些关键问题上总是回避、遮掩，或者故意模糊，这常常意味着他在试图隐藏某些对关系不利的信息。

1. 回避谈论过去的感情经历

诚实面对过去的感情经历是建立信任的基础，如果对方总是避而不谈，那就说明他可能仍在处理与前任的纠葛，或者存在情感上的一些未解问题和心理卡点，这会对你们的关系构成威胁。

2. 对家庭和朋友的问题避而不答

家庭和朋友是一个人生活中非常重要的部分。如果对方对这些问题总是含糊其词，那就说明他可能对此感到尴尬或不愿意分享，担心这些情况会影响你对他的看法。例如，对方的家庭中存在矛盾，包括父母离异、家庭成员之间有冲突或关系不和谐等。

3. 对职业、收入或生活状态含糊其词

在一段关系中，了解对方的职业、收入和生活状态是非常正常的需求。如果对方在这些方面总是含糊其词，不愿意公开基本信息，这就可能意味着他在隐瞒某些情况。比如，对方可能没有一份稳定的工作，或者收入状况与他所描述的不符，这些都会对你们的未来

产生重大影响。

当然，不同的人打开心扉的节奏不一样，有些人并不是刻意隐瞒什么，只是需要更多时间来打开自己。

我们可以观察，如果对方在其他个人问题上并不避讳，只是对某些特定问题表现出明显的不安或回避，这大概率不是慢热，而是在刻意隐瞒某些情况的信号。

当对方不愿意交流一些个人信息时，我们也不用直接否定对方，可以尝试以下三种应对方式。

第一，确保你们之间有一个安全、开放的沟通环境。使用前文提到的倾听和共情技能，让对方感到可以放心地分享自己的个人信息，让对方知道你不会轻易对其做评判和下结论。

第二，不要急于逼问，而要通过交换信息逐步打开对方心扉。例如，我们可以采取主动策略，先真诚分享自己的家庭和朋友的故事，用眼神和温和的语言鼓励对方也分享自己的经历。如果对方是一个真诚的人，他也会慢慢打开自己，愿意和你交流自己的经历。

第三，寻求专业帮助。如果你认为对方隐瞒的信息可能对你们的关系产生重大影响，可以考虑寻求专业的咨询帮助。这可以帮助你们更好地沟通，处理潜在的问题。

前面提到的三个黄灯信号，在关系推进的过程中非常容易出现，也很容易让我们觉得沮丧不安、不知所措。但在面对这些信号时，我们一定不要因为一时冲动把情绪上升为争吵，或是情绪激动时鲁莽地做了决定，事后又觉得后悔。

　　更科学的做法是，把这些黄灯信号收集起来，把对方放入观察区。对外进行仔细观察和有效沟通，对内进行择偶框架的搭建和调整，最终综合判断是否要继续这段关系。

遇到红灯信号要撤离

这一节会和大家讲一讲,当我们接收到哪些信号时,应该第一时间警惕或远离这段关系。

识别有毒关系

相信很多有过恋爱经验的人都有这样的体验,分手后回看之前的经历,会发现那段恋爱好像让自己变得更糟糕了,来自前任的那些批评、指责、干涉,让我们慢慢丧失了自信,越来越不喜欢自己。而一个人越是被否定就越难从一段关系中走出来,甚至还会受到更深远的影响。

很多人表示,上一段关系中体验到的自卑感和不配得感会延续至下一段关系,这里的"上一段关系"就是典型的有毒关系。

然而,有毒关系并非朝夕之间形成的,在两人刚开始交往时,我们其实就可以从一些小事上见到端倪。如果我们在关系的早期就可以识别有毒关系的信号，后面要付出的代价可能就小多了。

下面和大家聊一聊三种典型的有毒关系的信号。

信号 1：绑架式关心

并不是所有的关心，都出于对爱的表达。

绑架式关心的目的是控制，付出者希望通过让别人需要自己、依赖自己，给予别人并不需要的关怀来确立自己的人生价值，获得心理满足。

如果你观察到一个人特别喜欢关心和过问别人的事情，甚至还不顾对方愿不愿意接受他的关心，你就需要警惕了。

如果你处在一段绑架式关心的关系中，你可能会发现对方总是试图从各种各样的角度来"帮助"你，包括物质上的帮助、生活上的照顾，又或是语言上的忠告。有时这些关心甚至侵犯了你的个人边界，但每次你想拒绝的时候，对方会理解为你看不上他或者辜负了他的好意，会表现得非常沮丧，甚至愤怒。

举几个例子。比如，对方喜欢掌控你的朋友圈，告诉你哪些朋友是"好"的、哪些是"不好"的，甚至要求你断绝和某些朋友的联系。对方声称这是为了你的安全和幸福，但实际上你感到自己的社交圈受到了限制，失去了选择朋友的自由。

又比如，在你中午开会的时候，对方不顾你的反对强行帮你点了外卖，还一直发短信、打电话提醒你吃饭。你跟对方说你在开会，中午没时间吃饭，对方还是反复要求你下楼去拿外卖，语气强硬，不管是否合时宜。

这种绑架式的关心，会让人觉得非常压抑。但对方的控制行为又披着爱的外衣，占据了道德的制高点。它模糊了爱和控制的边界，让我们难以判断。

时间久了，我们甚至会在这种绑架式关心的裹挟下慢慢丧失自我选择的能力，任由对方给予我们安排。

信号2：反复试探你的边界

很多有毒关系，都是从一次次越界开始的。

例如，在两人刚交往的时候，你的对象可能迫不及待地想带你见见自己的亲戚，你却觉得还需要一点时间再了解一下彼此。结果，你的对象在没有提前通知你的情况下，把你带去和自己的亲戚聚餐。整顿饭你都吃得很不自在，但你把感受告诉对方时，对方却轻飘飘地说："见见我阿姨也不是什么大事呀，而且你见完了不是也没事儿嘛。因为你每次都拒绝，所以我只能先斩后奏了。"

还有一些很常见的例子，比如前文提到的对于肢体亲密接触的节奏，两个人很可能不一样。女生小梅和男友恋爱不到一个月，男友提出了过夜请求，小梅拒绝了。男友虽然当时没有表现出生气，但是几乎每隔两天就会用各种方式软磨硬泡，直到小梅妥协。

在这些例子中，我们能看到，双方的观念是有差异的，但是最大的问题并非观念差异本身，而是两人处理这个差异的方式不同。

一般情况下，当我们表达完自己的想法后，另一半会尝试换位思考、理解差异，找到双方都能接受的方案。

但在一段值得警惕的有毒关系中，你会发现：

◆ 即便你明确表达了自己的想法，对方还是着急地反复试探你的边界，也就是所谓的"在雷区跳舞"；

◆ 不会去尝试理解你的想法，甚至会暗示"你是不是太敏感，你的想法是不是有问题"；

◆ 对方一定会通过直接或间接的方式，去达成自己的目的。

反复的试探和一点点的侵占，就像温水煮青蛙。这些小小的冲突不足以让我们当下就警铃大作，但不知不觉中，我们会发现，自己在不断退让，直到对方完全触碰到我们的原则和底线。

信号 3：对你的情绪打压和操控

我们经常说，健康关系的基础是平等、尊重、互惠，而某些人却并不愿意遵循这样的规则，他们会通过把控对象的情绪来达到自己的目的。

和这样的人相处，你常常会有坐过山车一般的情绪体验。当你的行为符合他们的心意时，他们会对你百般温柔，把你捧到天上；但当你的行为或想法偏离了他们的意愿时，他们就会否定你，给你精神上施压，迫使你顺从他们的意志。

你还可能在日常相处中感受到以下这些"不对劲"。

（1）**隐性攻击**。相比直接吵架或者通过认真沟通去解决矛盾，对方更喜欢用冷暴力的方式来给你制造情绪焦虑，迫使你低头。这是因为对方的目标是赢，而不是解决关系中的问题。对方知道，只要不理你，你一定会焦虑："为什么对方连理我的兴趣都没有了？我那么无聊、那么没有魅力吗？空气安静到让人窒息，我要怎么做对方才会重新理我呢？"

（2）**强词夺理**。当在某件事上你们有分歧时，你会发现对方特别善于混淆概念，为了强调一个对自己有利的观点，他通常会发表很长、很复杂的论证来证明自己正确，从气势上压你一头。对方有一套非常自洽的逻辑体系，会故意把讨论引入预设了前提的逻辑，让你一时间觉得无懈可击。又或者对方专门挑选你不了解的领域卖弄，利用你的信息不对称来彰显自己的正确性和权威性，让你进一步觉得自己渺小无知，产生深深的无价值感。

如果和一个人相处一段时间后，你发现自己发生了以下变化，那它们可能就是对你身陷情绪操控关系的红牌警告：

- 你觉得自己越来越不像曾经的自己了（往糟糕的方向变化）；
- 你比之前更加焦虑、更加不自信；
- 一旦关系出了问题，你就会觉得是自己做错了；
- 你总是道歉和求饶的那一方；

◆ 你总会小心翼翼地自我反省，怕说错话惹对方不高兴；

◆ 你总是替对方的各种让你伤心的行为找借口。

　　在双向选择的过程中，我们需要记住最重要的一点：在任何时间，面对任何人，我们都应该把自尊和平等放到爱情的前面。我们的爱和关注，只能给予愿意双向奔赴的人。

Chapter

9

第九章

确立关系不是结束，而是新的开始

别让不合理预期摧毁关系

确立关系并非终点，而是新的旅程的开始。

有多少情侣在"相爱容易相处难"的困境中跌倒？这一章旨在帮助你了解长期关系的底层逻辑。

本节将和大家聊聊预期管理。

之前我在网络论坛上看到了这样一个问题：开心的秘诀到底是什么？其中有一条高赞回答让我印象深刻："永远不要对任何人期待太高。"更多的时候，真正伤害你的不是别人，而是你对别人的期待。

在长期关系里，不合理的预期往往也是搞砸一段关系的开始。

不合理预期 1：真正爱我的人应该对我始终如初

我听到身边谈恋爱谈了一年以上，尤其是已经结婚的朋友说得最多的一句话是：对方和刚恋爱的时候完全是两个样。

例如，之前男生平日里也会给女生时不时地准备惊喜和浪漫，然而时间久了，男生却连二人的重要纪念日都记不住。

所以，我们常常会有被对方最初营造的假象蒙骗了的感受，觉得对方之前都是装出来的，现在原形毕露了。这种想法的背后隐藏了这么一个假设，那就是"好的伴侣是始终如一的"，对方的表现应该要一直符合我们自己内心的恒定标准。

显然，这是不符合关系现实情况的预期。

栗子是男友大学本科的学妹，二人的三观、兴趣爱好都相似。虽然栗子有时候会有点任性，但是男友的脾气很好，一直很包容她，总的来说两个人非常相爱，相处得也很快乐。

男友毕业后进入了一家大公司，开始有很多应酬。从男友开始工作后，他们就矛盾不断。每次男友应酬回家晚了些，栗子就会和他吵架。有几次男友超过晚上九点没回家，栗子就直接把房门锁了。

男生一开始还坚持和之前一样去哄女友高兴，但越来越觉得身心俱疲，后来栗子再闹，他就不吭声了。

栗子不能理解："你为什么变了，以前那么愿意陪我，为什么现在就不能呢？更重要的是，之前我闹一闹你就哄我，为什么现在都不太愿意哄了？你一定是腻了，没那么爱我了。"

这个故事中的情况其实很常见，对吧？

很多人在热恋期过后，会觉得对方不再围着自己转了。这就是爱变少了吗？不一定，可能只是对方回到正常的生活轨迹上了，关系的形态发生了变化。

进入长期关系后，双方需要在彼此的人生轨迹上相互助力，而不是相互消耗。

例如，对栗子来说，校园恋爱的时候很简单，两人兴趣爱好一致，吃吃玩玩就很开心。但随着两人踏入社会，角色转换，也需要将时间和精力分配到不同的地方。

在男友面对人生重大转变、面临全新的人生挑战和压力的时候，栗子还要求他和之前一样时时刻刻陪伴，他怎么有能力做到呢？

栗子这样的女孩没有理解到，长期关系中，两人的关系状态应该从"对方是全世界"变为两人携手面对这个世界，也就是走向一种合作伙伴的状态。

在这个变化的过程中，我们不能停留在"对方刚和我恋爱的时候怎么样，现在也应该怎么样"的不合理预期中，否则无论对方在自己力所能及的范围内多么努力，都没办法让我们满意。

随着双方人生阶段的变化，爱的形态也会变化。或许不是对方变心了，而是对方换了种方式来爱我们。

承认这一点后，我们就可以在立足现实的基础上，跟进对方的变化，在相处模式上做出相应的调整。这样才能维持亲密关系中双方都舒服、受滋养的状态。

合理的预期是，关系的样子不会也不可能始终如初。但只要我
们调整好预期，在关系中放开心态、保持成长，就可以让幸福感始
终如初，甚至更上一层楼。

不合理预期 2：真正爱一个人是无条件的

很多人会在心底渴望无条件的爱：无论我什么样，无论我要什么，
只要你有能力，你就会给我。

这种渴望植根于婴幼儿时期的需求。在我们还是小婴儿的时候，
父母无条件的爱和照顾让我们存活和长大。

于是，哪怕成年后，我们的内心也会有对无条件的爱的渴望，
并把这种无条件的爱当作关系亲密的象征。这种渴望本身是无可厚
非的，但是在两个成年人的关系里，却是不现实的。

在很多亲密关系中，两个成年人在对方身上使劲寻找自己童年
时未被父母满足的需求。比如，有的人千方百计做一些事情去寻求
对方的认同，需要对方做很多事来证明对自己有很多爱。

很多人在亲密关系中既没有办法欣然地接受爱，也没有办法坦
然地付出爱。他们认为：如果你爱我，你就应该知道我想要什么；
如果你爱我，就应该马上回我的短信和电话；如果你爱我，就应该
推掉应酬来陪我。

这些要求背后的潜台词是，只要你和我在一起，就必须源源不

断地满足我的需求。这就是孩子向父母索取爱的方式。

一旦对方没办法满足他们的渴望，或者没有认同他们的付出，他们就会觉得不安全、不满足，会患得患失，对感情失望。这样既累坏了伴侣也累坏了自己。

这也导致我们常常听到一个分手理由：不是不爱了，是太累了。

合理的预期是，认清谈恋爱不是"再找一个妈"，我们需要以两个成年人的姿态去接纳爱、付出爱，相互扶持，高效合作，才能维持长期关系。

不合理预期 3：真正爱你的人不会让你哭

有人说，对方动不动和我吵架，让我难受，肯定是因为不够爱我。

很多人会觉得吵架是破坏感情的行为，如果对方总和自己吵架，那就说明对方不爱自己了。这种理解是不正确的。

关系稳定的情侣或夫妻之间相互依赖和影响的程度极高，因此，哪怕是一方小小的负面情绪都会给另一方带来很大的影响。同时，因为相处久了，双方太过熟悉，便开始忽视对方的边界和分寸；双方开始对讲话方式不太注意，界限感变得模糊，导致吵架变多。

比如，男友（女友）最近工作压力很大、心情烦躁，跟你见面一直耷拉着头，或者和你说话没有好语气。哪怕这种情绪不是针对你的，你也会不自觉受到这种负面氛围的影响，变得焦虑烦躁，忍不住骂对方："摆这副样子给谁看，谁欠你了？"

又比如，每天生活中都有不可避免的小摩擦：丈夫袜子乱扔、妻子忘记关灯，单独拎出来看都是小事，但是这些琐碎的烦恼每天都不断重复地出现在你的生活里，就可能积累成大的矛盾和不满。

很多时候，引发我们吵架的情绪，90% 是过去积压在心里的不满。

两个人太过熟悉之后，就容易失去对对方的关注和敏感度；你用平常的语气去表达让自己心里不舒服的地方，可能无法引起对方的重视。吵一架，就可以把积压在心底的情绪发泄出来，避免不满越积越多。

如果没有这种适时的发泄，当一方忍到觉得忍无可忍的时候，很多感情就变得再也无法挽回了。

几乎所有的情侣都会吵架，再恩爱的情侣也一样。

如果你有"爱我就不会让我生气"这种不合理的预期，就容易把争吵看成对方在故意针对自己，会觉得委屈，渐渐丧失感情里最重要的信任和安全感。

我们一定要明白，很多时候吵架是我们在表达自我，争取对方理解与支持的过程。只要学会正确地吵架，我们就可以把吵架变成感情升级的契机。例如，两人可以通过表达情绪来处理矛盾，从对立走向合作，变得更加了解对方。

合理的预期是，亲密关系中有冲突和争吵是非常正常的，吵架并不能说明对方在恶意伤害自己，也不一定会破坏感情。相反，正确的处理冲突的方式还可能让感情升级。

不合理预期 4：真正爱我的人会为我改变

我想说的是，不要改造伴侣。

如果你完全没办法接纳对方现在的样子，感到不满意甚至嫌弃，那么对方可能一辈子都没办法变成你希望的样子。

在亲密关系里，不要把对完美伴侣的期望放到自己的对象身上。

合理的预期是，你们可以沟通，可以商量，可以彼此影响，但是对方最终会不会改变，取决于他的意志。

现在看一看，上面说到的几种不合理预期，你踩中了几个？

这些不合理预期，会让我们很容易给对方设立不切实际的高标准并且期待对方去达到。如果对方达不到，我们就会很失望，却不知道失望的根源不是对方做错了，也不是爱情不可靠，而是我们对长期关系的底层认知就是错误的。

看了前文的内容，你是不是觉得爱情显得有些"悲观"？是不是觉得就应该把预期降到最低，因为"没有希望就没有失望"？

当然不是。我们一直在强调找到合理的预期，而不是降低预期。

佛罗里达州立大学的心理学教授詹姆斯·麦克纳尔特（James McNulty）研究了 135 对夫妻后总结道，人往往容易走向两个极端。

　　第一类极端人群对关系的要求过高，觉得你是我的另一半，你就需要补全我，需要满足我的一切需求，这就导致伴侣不堪重负，自己不断失望。

　　第二类人则相反，他们对伴侣完全不抱任何希望和期待，他们常常把"男人就是靠不住""女人都爱钱""靠谁也不如靠自己"挂在嘴边。这样的人也很常见，而且他们往往最开始是第一类人，因为不懂得处理关系和把握平衡，在经历了失望之后，走向了另一个极端。他们白白浪费了亲密关系这个重要资源，却不知很多时候，对方完全可以成为自己的避风港和重要依靠。

　　因此，认为"希望越小，失望越小"，放弃对美好的期待，把自己圈禁在方寸之地，其实也是一种对关系的错误预期。它不能带来幸福感的提升，只能带来像死水一样的生活状态。

　　很多人没能力找到关系中让双方都舒适且满足的平衡点。他们要么不断索取，无限依赖对方；要么自暴自弃，完全不信任对方。

　　前面提到的两种极端预期的共同问题是"脱离了当下关系的现实"。

　　詹姆斯教授强调，对感情预期是否合理的评价标准，不是简单地把当前预期调高或者降低。合理的预期要求我们立足现实，找到属于两人的那个"刚刚好"。

　　那么，怎么找呢？

　　用一句话来说就是：相互了解对方在现阶段的时间和精力内，

愿意为彼此提供什么，探讨出"你能做到，对方也能做到"的守护爱情方案。

要记住，在尊重现实的前提下，我们可以做很多事情来收获幸福的爱情。

接下来，我将带你一点点解锁经营长期关系的几项基本能力。

关系是流动的，学会拥抱变化

很多人对恋爱有一个误区，那就是在确认恋爱关系后，两人一下就稳定了，不用再每天茶饭不思地担心对方是不是喜欢自己、是不是愿意和自己在一起。

直到热恋期结束，两人开始步入平淡生活时，一方可能才会发现对方已经在不知不觉间有了变化，两人之间也慢慢开始滋生矛盾。

我们首先需要明白的就是，关系一直在流动和变化。

达尔文认为："能够生存下来的物种，并不是那些最强壮的，也不是那些最聪明的，而是那些能对变化做出快速反应的。"

这句话在亲密关系中也适用。有一些关系在初期看起来坚如磐石，两人山盟海誓，都坚信能走到最后；但随着生活的发展，两人没能适应彼此的变化，最后只能以分手告终。

在从短期关系走向长期关系的过程中，我们一般会在伴侣身上看到两方面的变化：一方面是情绪和感受的变化，另一方面是未来规划上的变化。

情绪和感受的变化

在前文中，我们提到了关系的阶段变化：随着两人关系的深入，我们会对对方表达更多的感受和情绪。

但是，这些情绪和感受，不一定都是正面的。比如你会发现，之前一直对你彬彬有礼的他，也会有小脾气；之前一直哄着你、让着你的他，很多时候也希望自己被宠着；一直很积极温和的他，也会心情不好、看谁都不顺眼……

暴露脆弱是加深亲密的必经之路，如果对方某个时候愿意向你敞开心扉，向你流露出一些内心的脆弱或者阴暗，恭喜，这是亲密升级的标志。

但这个时候，如果我们拒绝接受对方的负面情绪，希望对方变回一开始时的完美恋人，那就是变相地把对方推远了。

例如来访者小琴，在和朋友吵架后跑去和自己的伴侣倾诉，结果她的伴侣觉得她太小题大做了，很多事没必要较真，如果真的和朋友处不来，绝交即可。简短的回应让她感到被轻视。

小琴本来只是希望情绪有一个出口，能被伴侣倾听和理解。但伴侣的反馈让她更沮丧了，甚至觉得自己的情绪在伴侣看来是没意义的，从此便丧失了分享欲。

确实，大部分人在看到伴侣有负面情绪时会不知所措。那么，在伴侣暴露脆弱时，我们要怎样去接住对方的脆弱，升级亲密关系呢？

1. 学会倾听，承认对方感受的合理性

在心理学中有个关键词，叫作"认可"（validation）。它的意思是，无论对方因为一件事情产生了什么样的情绪和感受，哪怕你不认同，你也需要承认它在对方那里是确实存在的。

例如，你觉得榴梿好吃，但对象闻到榴梿的气味就想吐，你们对榴梿的不同感受都是真实的，是被允许的。也就是说，感受存在即合理。

面对对方的情绪和感受，我们应该用感受回应感受，而不是用讲道理回应感受。

正确处理差异的第一步，就是要学会看到对方的感受，并且承认对方感受的合理性。

怎么做才是承认对方感受的合理性呢？

不评价，不否定，不消除。

比如对方和你抱怨老板让自己受气，很多人会进行典型的否定式回答："你的老板这么做还不算什么，我的老板才过分。老板改变不了，我劝你还是调整一下自己的心态。"

这些回答显然是在否认对方的感受，传达出的潜台词是：你现在的情绪是矫情的，这事儿没什么大不了。其实对方并不需要你提这样的建议，大道理谁都懂，他只是需要释放情绪的权利。

不评价和不否定比较好理解。最难的是第三个"不"——不消除。

我们不要急着帮对方消除这种负面感受。例如，对方说："我很难过，我很害怕。"典型的错误回应是："不要难过了。""这没什么好怕的。"你是因为关心对方，所以急着想帮对方消除负面感受。但事实上，你做不到，你能做的就是陪对方一起经历这个感受。

你可以这么说："我知道你很难过，难过就多哭一会儿吧，我陪着你。""我知道你很害怕，让我抱抱你吧。"

你要让对方觉得，无论自己多么糟糕、多么脆弱，在你面前都是安全的。最棒的一点是，对方不需要马上好起来，不需要马上去解决问题，而是可以像个孩子一样，安心地在你面前释放情绪。有你陪着他，体会他的内心世界，这才是亲密伴侣的意义。

承认对方的任何感受都是合理的，是可以被理解的，是情侣双方放下防御，走心交流的第一步。

2. 理解对方行为背后的原因

你承认了对方的感受都是正常的、合理的，对方就会觉得和你说什么都是安全的，这就在彼此间打开了一个健康有效的沟通渠道。

这个时候，耐心听一听对方和你不一样的感受或者不同的处理方式，了解背后是不是有什么故事。每一次处理差异的过程，可能就是加深对对方了解的过程。

在交流中，有几点是我们需要注意的。

- 去理解或者确认对方正在表达的情绪具体是什么，是委屈、难过、不安全、羞耻，还是其他情绪？确认情绪是什么可以帮助你更好地理解对方，避免误解。

- 努力去了解是什么事情触发了对方现在的情绪、对方为什么会对这件事情有这样的反应。在这个过程中不要自己胡乱猜测，如果这件事和你有关，不要急着为自己辩解。

- 除非对方主动要求，否则就要克制住自己，不要随便下结论或者给对方提建议。就像有句话说的：未经他人苦，莫劝他人善。哪怕在亲密关系中，我们也要允许对方有和我们完全不同的选择和决策。

3. 把差异看成拓展自己的机会

最后，看到伴侣不同于我们的处理问题的方式时，不要急于评价其好坏。

换个角度思考，这件事除了我们自己的方式，还有没有其他处理方式呢？对方为什么对这件事有这样的反应和处理方式？这样做的好处是什么？

你不如坐下来和对方聊一聊，看看对方为什么想这么做。

只要你有了这样的思维，那么伴侣和我们的差异，反而可以让我们看到人生的更多可能性。通过与伴侣的相互影响和理解，我们处理事情的方式从此也多了一种选择。

"或许这个情况下你的处理方式好，那个情况下我的处理方式可能更优。"看，两个人的碰撞，可以让我们在不同的情境下使用不同的处理方式，这是一种对自我认知的拓展。

未来规划上的变化

随着两个人相处的时间越来越长，我们也会陪伴彼此走过人生的各个阶段。

在这个过程中，双方的人生追求可能会产生变化。一段关系如果没有适应变化的能力，是很容易破裂的。

作为伴侣，如果我们拒绝接受对方的改变，那么对方有可能选择压抑自己的需求，或是在人生规划的道路上避开你，甚至两个人直接进入对抗状态，开始争执不断。

当然，如果伴侣的想法有变化，我们对未来感到不安是很正常的，我们可以用下面这些方法和对方沟通，重新规划两人的关系。

1. 我们要先思考"我的不安从何而来"

理解了自己产生不安的原因，我们才能确定沟通的目标。

举个例子，如果你的伴侣对于现在的工作很不满意，决定裸辞，那我们不安的来源可能是不看好现在的就业市场，或是对方的决定和自己对未来的规划有冲突，又或是对对方能力的不信任。

不同的原因代表了不同的沟通目标。先确认自己的目标，沟通才会事半功倍。

2. 沟通是为了找到应对方法，达成共同决策

不要指责或者否定对方，记住一句话原则 —— 主观上表达理解，客观上确认可行性。

"主观上表达理解"这一点，前文也提到了，我们需要承认对方的感受，以及充分了解对方行为背后的动机。但是，理解对方不代表无条件地赞成对方，客观上确认可行性同样重要。

我们可以就事论事，举一些具体的例子，坦诚说明自己感到不安的原因。

注意，在这个沟通的过程中，我们需要扮演一个倾听者的角色，引导对方多表达、多主导对话，这么做不容易挑起对方的对立情绪。同时，对方在反复思考和表达的过程中，也会对自己的选择更谨慎，产生更多的责任意识。基于对方的想法，我们再进一步提出建议，寻找共同的解决方案。

一段稳定的关系，需要彼此能在人生大事上达成"共同决策"。

在长期关系中，变化是不可避免的，我们要慢慢学会在变化中重新了解对方，逐步更新两人关系的风向标。只有当我们学会拥抱变化时，我们才能越爱越亲密。

那么，长期关系中如何跟进彼此的变化，保持良好沟通呢？我会在接下来的内容中分享。

有效沟通（上）：吵架如何越吵越甜蜜

夸两个人感情好，人们总会说："他们真是恩爱，那么多年来都不吵架、不红脸。"但事实上，几乎所有的情侣都会吵架，甚至，争吵冲突本身是提升亲密感的必不可少的环节。

为什么这么说呢？因为矛盾和冲突可以暴露感情里潜在的问题。

只有问题暴露出来了，双方才能理解关系的现状是什么，才能重视起来，一起去寻找解决方案。两个人的思想也会在不断处理矛盾和解决问题的过程中，变得越来越契合。

所以，有问题的时候我们不要忍，不要等问题积累到无可挽回的地步。

那为什么有一些情侣会吵架吵到分手呢？这是因为他们不会正确地吵架，不会正确地处理冲突。

两个人一旦进入长期关系，就不应该等着对方来"投喂"自己，满足自己的"巨婴"状态；而应该拉起手来一起经营生活，相互支持，面对外界的挑战。

这是一种什么感觉？是不是有点像战友？

因此，如果我们要经营好一段长期关系，一定要有合作的心态和能力，在吵架的时候也一样。

有研究表明，那些长期关系里幸福感高的情侣，能够在吵架的过程中进行建设性的交流，找到问题的根源，并想办法解决。

两个人争吵不只是为了发泄情绪，更是为了解决问题。

那么，遇到矛盾，我们要怎么做才能在冲突中从对立走向合作，让矛盾变成加深感情的契机呢？

什么是有效沟通

要达到把矛盾变成加深感情契机这个目标，我们要理解一个概念：有效沟通。

沟通这个概念很常见，但大部分人都不理解它意味着什么。

首先，两个人沟通肯定是想完成某个信息的传达和接收。而有效沟通，是要确保信息传达者准确地把信息传达了，信息接收者准确地理解了信息。换句话说，就是"说明白"和"听明白"。

你可能觉得听和说都不是难事，但事实上，许多情侣常常既不会听也不会说。

他们往往会这样抱怨：

"我和他说话还不如对着墙壁说话。"

"我俩一吵起来火气就会不断升级，容易杠上。"

"他就知道这样胡搅蛮缠地冤枉我。"

这些都是因为沟通中信息传达不到位，造成两个人误解加深、矛盾加深。

那我们怎样才能打通有效沟通的渠道，培养双方的合作能力呢？

有效沟通三步走

我要怎么说，对方才肯听？

1. 保证安全的对话环境

这里的"安全"不是指人身安全，而是指心理安全。先来看看什么是不安全的环境。

回想一下，你觉得对方做得不好，让你不满意的时候，是不是会习惯性地用"你"字开头进行指责："你怎么又是这样？""你这个人就是这样！"感受一下，当你用"你"字开头去指责对方的时候，是不是带着强烈的攻击性？

这就好像拿着一把刀扎向对方。你的伴侣在面对攻击的时候，自然就会开启防御机制来保护自己，比如关上门拒绝和你交流，或者和你对骂来反击你。

那么，这个环境就不再是安全的对话环境，而是变成了不安全的战争环境。

在这种不安全的战争环境下，双方各自的状态都非常紧张，第一反应是想着怎么反击来保护自己的利益。这时，对方根本不可能听进去你说的话。

所以，想让对方肯听你的话，你要做的第一点就是营造安全的沟通环境。

哪怕心有不满，说话的时候也要做到对事不对人。

例如，表达不满意的第一句话很重要。尽量用"我"字开头来代替"你"字，只描述自己的感受和愿望，而不是去指责、否认或者控制对方。

如果你觉得对方误会了你，你要说"是我哪里还没说清楚吗"，而不是"你怎么听不懂"。

2. 学会清楚地识别自己的情绪

我们产生负面情绪都是有原因的，一般是某个需求没能被满足。

仅和对方发泄情绪并不能解决问题，还会让对方觉得你无理取闹。因此，不要轻易被情绪淹没，你需要明确自己情绪产生的原因："我这么不爽，是哪种需求没有被满足呢？"

要做到这一点，你需要养成一种思维习惯。在每次去和对方吵架之前，先问一问自己为什么产生了负面情绪，在这件事情里自己需要的到底是什么，这样才能达到有效传达信息的目的。

3. 明确说出自己的需要

在恋爱或者婚姻里，有一个常见的问题：我们有什么需求或者要求不直接说，就是要对方猜，猜不到就证明对方不爱我。如果对方主动意识到了我们的需求，我们会觉得理所当然；如果没有意识到，我们就会很失望甚至愤怒。

经常有人抱怨自己的伴侣："他没长点儿心吗？""这种事情还要我说吗？"甚至有人还会有这样的担心："我说出来如果对方拒绝了怎么办？多丢面子啊，多受伤啊！"

事实上，要对方猜，就是在给关系埋下地雷。任何一方的不舒服或不满足，都可能是关系出现问题的信号，提醒我们需要在关系里调整姿势。只有说出来才能帮助对方了解下一步怎么做。

我们可以非常清楚同时不带指责地告诉伴侣：我希望你可以为我做什么、为我们的关系做什么。记住，在亲密关系中，能够清晰、明确地表达自己的需求，和学会满足对方的需求一样重要。

把自己的合理需求和情绪都照顾好了，我们才有能量去滋养对方，才能给关系带来更多的正面影响。

根据上文说到的几个要点，举个现实场景中的例子。

最近晚饭后，你的男友大部分时间都在打游戏，你们基本没有两个人一起放松娱乐的时间。你和他说"别打了"，他就回一句"再来一局，还有一局就好"，但还是没完没了地打。这时候你可能就会生气地说："你晚上就只知道打游戏！我知道你和我早就过腻了，你和游戏机过去吧！"

这就是典型的容易引发战火的争吵方式，它表达出来的是攻击和控制，是要和对方吵架的架势。

对方立刻开始反击："我难道连玩点游戏的自由都没有了吗？你管我呢！"

这时，你把对方推向了你的敌对面，两个人很可能就开始带着攻击性吵架了。

同一个例子，我们换一种表达方式。

"我这些天有点不开心，觉得自己被忽视了。晚上你下班回来一直在打游戏。我理解你喜欢打游戏，但我也希望我们可以有一些高质量的相处时间。我们能不能一起规划一下晚上的时间呢？"

这样的表达为什么更好呢？理由有三点。

第一，用"我"字开头替代了"你"字开头。

这样表达的不再是"你怎么这样""你总是这样"，而是"我"的感受。在对方听来，这就不是指责和攻击他了，他也自然不会想逃避或回击你。这就是在营造安全的沟通氛围。对话环境一旦安全了，哪怕对方不能马上满足你的要求，也至少有了商量的空间。

第二，你知道自己不开心是因为什么，而且把自己的需求准确地表达了出来，没有让对方误会。

例如打游戏这件事，你告诉了男友，自己不开心的原因是他忽视了你，而不是你故意要控制他的自由。你要把这一点直接告诉他，不要冷嘲热讽；明确表达出需求，让他知道你想要什么。

第三，你传达了理解和邀请合作的态度。

"这件事让我感到委屈，但你可能也有自己的理由，那你觉得这件事情该怎么办呢？我邀请你和我一起来解决。"

在遇到矛盾的时候，我们不妨先冷静一下，按照上文说到的三点来思考要怎么说，才能让对方愿意听你说话，愿意正视两个人的问题。

相信很多人心里想的是：我懂了，我知道怎么说了！我也愿意和对方沟通，但是我家那位一遇到问题就逃避，怎么做能让他愿意交流呢？

别急，下一节我将和你聊聊：我要怎么听，对方才肯说。

有效沟通（下）：伴侣总是逃避沟通怎么办

你可能会问："即使我愿意听，但是对方不愿意说怎么办？"这是非常常见的两性相处模式：一方喋喋不休，另一方完全回避。

罗马城不是一日可以建成的，在对方没有沟通习惯的情况下，我们可以退而求其次，不要着急去解决你们之间的问题，而是先卸下对方的防备，让对方明白你和他不是对立的关系，而是合作的关系。

创造不评判的安全环境

曾经有个叫红豆的女生向我求助。有一段时间她和丈夫的关系降到冰点，甚至要离婚，原因是她觉得丈夫根本不关心孩子，就连周末都要自己催着、吼着才能陪孩子玩一会儿。更可气的是，丈夫从来不正面回应她的抱怨，被她说烦了就自己回到书房锁上门。

在和我进行了一次深聊后，红豆意识到了问题所在。她不再催或者吼丈夫去陪孩子，不再给家庭制造这种紧张的氛围，丈夫对她的态度也变得越来越缓和。

一段时间后的一个晚上，她做了几个丈夫最爱吃的菜，在轻松、温馨的氛围下问："老公，我看到你陪孩子玩的时候感觉真的很幸福，你能和我说说你陪孩子玩时的感受吗？"

在接下来的对话中，红豆一直保持共情的态度，站到了丈夫的立场想问题，哪怕对方对自己有抱怨，红豆也没有做出任何反驳或者自我辩护。后面她了解到，丈夫看起来对带孩子的事情懒散，是因为觉得自己的价值被妻子忽视；平时在家里被妻子指使，让他觉得自己更像这个家庭中的"工具人"而非男主人。

在丈夫将积压在心里的情绪压力释放出来之后，他就觉得自己被看见了、被理解了，两个人交流的通道就被打开了。

很多时候我们太急了，想要马上揪住对方解决问题。事实上，面对一个长期积累的问题，双方内心都有沉重的负担，并不能指望在几天内就解决它。故事里的红豆并没有急着去解决问题，而是耐心地等待了一段时间，先让丈夫感受到轻松的关系氛围，让他慢慢卸下防备，为后面的有效沟通创造了安全的环境。

那么，做到共情式倾听之后，我们该怎么去推进问题的解决呢？

开放式讨论

很多时候遇到矛盾，我们会忍不住强势地表达自己的意愿，同时否定对方的意愿，强行把对方推到了对立面，使两个人处于争夺话语权的敌对状态。其实，更聪明的做法是，在遇到分歧的时候有意识地邀请对方参与决策。

用商量的态度，和对方一起找到问题的解决方案，也就是我们常说的使用开放式讨论：这个问题我想达到这样的目的，我觉得可以这么做，你有什么更好的建议吗？你们需要共同参与，商量出对你们双方都有好处的目标，而不仅仅是一方的收益。

例如红豆本来特别想抱怨："你做爸爸的怎么和孩子争风吃醋？我这么做不也是为了家，为了我们的孩子吗？"

但是，她按捺住了这个冲动，这么和丈夫说："我理解我之前指挥你干这干那，让你不舒服了。不过有了孩子之后，家里的确有更多需要操心的地方，我一个人忙不过来，就经常又累又气。我希望我们可以一起分担这些，但是我也不知道怎么分工合适，你觉得怎么做好呢？"

这就是一个开放式讨论，红豆向丈夫传达了这样的信息：你有你的困扰和情绪，我也有我的困扰和情绪，这个问题需要有一个双赢的解决方案。

这就巧妙地把伴侣变成了问题的解决方，而不是麻烦的制造者；两个人的态度不再是对立的，而是合作的。红豆的丈夫从被动接受任务的"工具人"，变成了主动制定规则的"游戏玩家"，这就激发了他想做好这件事情的主动性。

说话者－听话者技术

看到这里，你可能会问："做法我好像是明白了，但是日常生活中遇到冲突的时候，我俩都很容易被负面情绪绑架，脾气一上来就控制不住自己怎么办？"

这里给大家介绍一个练习自我控制、可以避开恶性争吵的实操性好方法 ——说话者－听话者技术（speaker-listener technique）。

说话者－听话者技术指的是，双方都轮流扮演表达者和倾听者的角色。它是心理学家马尔克曼（Markman）教授在 1986 年提出的沟通模型，能帮助夫妻在遇到问题时进行建设性的交流，避免破坏性的争吵。

下面，我详细解释一下这个技术的使用规则。

双方需要共同遵循的规则

◆ 一个人在讲话的时候，手里要拿一个代表说话者的小物件作为"发言棒"，比如一支笔，拿着这个物件才有说话的权利。听话者在说话者发言的时候不能说话。

◆ 发言尽量简洁，一次一个观点，就事论事，不翻旧账。说话者说完后及时转换角色，把发言棒给对方。

◆ 平日里，双方就确定好代表发言棒的小物件。在遇到分歧时，其中一人可以及时拿起这个物件，主动成为说话者。

接下来再细讲说话者和听话者分别需要遵循的规则。

说话者规则

◆ 说话者只表达自己的感受和想法，绝不去猜测对方的心思。比如用第一人称"我"来描述自己的想法、情感和关心的问题。不要凭着自己的想象去谈论听话者的动机或者观点。

◆ 注意停顿，让听话者重述。说话者说完一个意思之后，让听话者重述说话者刚刚说过的话。如果听话者重述的话有误解，或者表达上不是十分准确，说话者需要重新解释，目标是帮助听话者真正地理解自己想表达的意思。

听话者规则

◆ 听话者用自己的语言重述，向对方确认自己听到的信息是否准确、有无误解。其目标是确保听话者理解了对方想表达的意思。

◆ 全神贯注地去理解对方想传达的意思，不要反驳。除非成了说话者，否则听话者不要提出自己对问题的想法或观点。听话者的任务只是为了理解对方的话而说话。

最后，我们需要明确这个技术的目的。

使用说话者－听话者技术的目的是展开一场有效对话，在处理矛盾中增进对彼此的理解，培养合作能力和共同决策能力；而不是马上找到一个具体的解决方案。

只要有了这种技术和态度，我们就可以慢慢摸索解决方案。当我们真正看懂彼此的需求、愿意相互满足的时候，我们就是从对立走向了合作，迈出了解决矛盾的最重要一步。

绘制爱情地图，缔造灵魂伴侣

根据著名心理学家斯腾伯格提出的爱情三角理论，爱情由三个基本元素组成，即激情、亲密和承诺。

其中，激情会随着时间慢慢变淡，承诺未必百年不变；但是，亲密却可以在正向的关系培养中变得越来越强大和不可替代。在几年甚至几十年的长期关系中，亲密是我们最可以通过人为努力去提升的一个元素。

接下来的两节内容，我会结合美国最著名的婚恋专家之一 ——约翰·戈特曼博士几十年来的实证研究，和大家聊聊在长期关系中，保持亲密的两个关键词：分享和回应。

这一节先来谈谈第一个关键词：分享。

分享为什么重要

分享是亲密最重要的来源，代表我们和别人的一种联结。比如根据一个人和不同对象分享程度的高低，可以判断出各个对象在他心中的地位。

想一想，我们一般不会随便和陌生人分享重要或私密的事情；和同事、普通朋友可能偶尔会说一些无关痛痒的事情；和挚友或亲密伴侣则可能分享自己的脆弱、阴暗、鬼主意等，因为我们知道对方会为自己保密，会完全接纳自己的想法，知道对方站在自己这边。

用分享来表示亲密是我们的天性。从很小的时候开始，我们就会拉着好朋友悄悄地说："我告诉你一个秘密，你不要告诉别人。"我们会以这样的方式来表示"我们是一个阵营的，我们的关系比其他人亲密"。

这种安全和绑定的感觉真好。

两个人分享程度越高，表示关系越亲密。

有一个大家都很关注的话题：伴侣有红颜知己或蓝颜知己，他们聊天很亲密，但是没有越界行为，我该吃醋吗？是我太小心眼了吗？

我讲一个叫小琼的女孩的故事。

小琼的男友有一个认识多年的女性好友。小琼一开始并没有在意，但是她后来发现，男友经常和那个女性好友聊自己工作上的一些新想法，聊自己喜欢的乐队，聊和小琼吵架后的郁闷；甚至男友去香港出差，女性好友还让他帮忙买了一支口红。

小琼特别生气，却被男友认为小心眼，他说自己和那个女生就是朋友关系，从没做过对不起小琼的事情。

让小琼郁闷的是，看完他们的聊天记录，她发现他们确实没有说暧昧的话，也没做任何出格的事情。小琼虽然生气，却不占理，所以特别郁闷。她想不明白，明明男友没有出格的行为，自己心里为什么那么难过，就好像遭到了背叛。

看到这里，你应该知道原因了吧。

小琼的男友和那个女性朋友之间的分享程度，让小琼感到他们非常亲密。这种亲密无关承诺，无关肉体关系，却让小琼觉得侵占了自己在男友心中的重要位置。

所以，当我们的对象有我们之外的蓝颜知己或红颜知己时，哪怕他们没有实质性的出格行为，我们还是会生气和难受，这是非常正常的，也是爱情中排他性的体现。面对这件事情，我们有权生气，可以告诉对方亲密分享对亲密关系的特殊意义。记得用到前文说的有效沟通法。

什么是爱情地图

在爱情中，我们将这种由分享创造的亲密连接形象化，就有了一个有趣的概念 —— 爱情地图。

在一段关系里，我们的脑子里都有一张关于对方的地图，地图里储存了对方日常生活中的点点滴滴和精神世界的风云变幻。

他想喝杯奶茶，你知道他想点什么口味；你可以毫无保留地和他吐槽职场中的烦心事；你知道他的内心深处一直有小时候被家长过度支配和控制的阴影……你们相互了解对方的目标和期望，也了解对方内心最深处的忧虑和恐惧。

这张关于对方的地图，描绘的内容有多丰富，细节有多详细，就代表你们对彼此有多了解。戈特曼博士称之为"爱情地图"。

你还了解对方吗？对方还了解你吗？你知道对方最近新学了什么东西吗？对方知道你最近对工作规划有了新的想法吗？

一段恋爱或者婚姻关系，哪怕它有过激情和承诺，一旦没有了亲密分享，也就有名无实了。就像我们可以看到在很多父母辈的婚姻中，双方连吵架的欲望都没了，只剩下相顾无言的冷淡状态。

在我们年轻一代中，很多夫妻或情侣晚上在家时，一个人抱着平板电脑看剧，另一个人坐在台式电脑前打游戏。两人白天上班见不了面，晚上在一起也不交流。尽管还在名义上的亲密关系中，但双方显然已经不再亲密了。

这种亲密感的丧失从来都不是突然发生的，而是一直以来双方都没有养成好的分享习惯造成的。

如果两个人在关系的一开始，没有有意识地养成习惯——及时跟进对方的生活和心理状态，那么在长期关系中、在日复一日的柴米油盐和忙碌生活中，一方就很容易在另一方的精神世界里掉队。

一旦两个人在精神层面已经失联，那么哪天想要重新连接，我们就会发现这是一件非常困难的事。

最聪明的做法是，从关系的一开始就有意识地去培养和维持这种亲密联结，这也是戈特曼博士反复强调的 —— 及时更新爱情地图。

心理学研究发现，在长期关系中，感情亲密的伴侣会一直保持随时随地分享的习惯，他们都有这样的信念：无论工作和生活有多忙、多累，都要把及时和对方分享当成生命中一件必须做的事情，以便及时看到彼此的变化和需求。

及时更新爱情地图，不仅可以让你们的亲密和依恋程度越来越深、越来越不可替代，还可以在关系遇到压力和冲击的时候，起到保护作用。

有数据显示，第一个孩子的出生常常是夫妻面临的第一个重大挑战。有近 70% 的夫妻关系经历了"滑铁卢"，因为各自不适应新的角色，要处理比之前多得多的杂事。两人精疲力尽，照顾孩子导致冲突更多。但剩下的 30% 多的夫妻，关系非但没有变差，反而越来越好。这是为什么呢？

你肯定猜到了，因为这些夫妻平日里一直热爱分享，会及时更新爱情地图。他们通过分享来分担压力，准确了解对方在不同时刻的需要。只有足够了解，才能根据对方的需要提供有效的支持。

这种不断发展的深刻联结，反而让生活中的挑战变成了使两人更亲密的契机。

在长期关系中，如果没有保持分享的习惯，我们就会渐渐丧失保持亲密的能力。生活中的任何一点变化和困难，随时都可能把毫无默契的两人打得七零八落。

如果你和伴侣都想经营好一段长期关系，希望无论你们处在关系的哪个阶段，都要意识到：及时分享、及时更新彼此的爱情地图，是我们必须有意识地去为亲密关系努力的一件事情。

如何更新爱情地图

要怎样做才能不断更新爱情地图呢？

戈特曼博士提供了两个简单且容易操作的练习。

第一个练习是，根据一张"是否问题"的清单提问。

这张清单的问题包括：我是否可以说出我女友的几个闺蜜的名字、我是否知道最近让男友压力最大的事情是什么，等等。

我们可以挑出一些问题问对方，目的是看看双方对彼此的了解程度，检查一下彼此的爱情地图是不是丰富而详细的。

"是否问题"的清单示例

亲爱的，你是否知道：

◆ 我最亲近的两个朋友是谁？

◆ 我们第一次见面的地方在哪里？

◆ 让我最近感到压力最大的事情是什么？

◆ 我的三个爱好是什么？

- 我最喜欢的菜有哪些？

- 我在工作上最近想突破的是什么？

- 我最喜欢的一部电影是什么？

- 我最喜欢的健身方式是什么？

- 我小时候的好朋友是谁？

- 我最喜欢的节日是什么？

- 我喜欢睡床的哪一边？

- 我最不喜欢的亲戚是谁？

- 我最喜欢看什么类型的书？

- 我最喜欢的奶茶口味是什么？

- 我梦想中的工作是什么？

- 我最喜欢的电视节目是什么？

- 我最崇拜的两个人（包括名人）是谁？

- 我最受不了的事情是什么？

- 让我最容易感到焦虑或者担心的事情是什么？

- 我童年最糟糕的经历是什么？

- 下班后我最喜欢的放松方式是什么？

第二个练习是，根据一张"开放性问题"的清单提问。

如果在第一个练习中，我们发现双方好像都有点掉队了，那么第二个练习正好提供了更新爱情地图的机会。例如，询问对方：如果你有机会重新选择一份工作，你会选择什么样的呢？

"开放性问题"的清单示例

亲爱的，我想知道：

◆ 你有没有觉得你将来的工作会有变动？如果有的话，是怎样的变动？

◆ 你难过的时候，最希望得到什么样的安慰？

◆ 如果你生活在 100 年前，你觉得生活会有什么不同？

◆ 你觉得我们的孩子会成为什么样的人？

◆ 有没有什么特别的担心或者希望？

◆ 你现在对你的工作感觉怎么样？

◆ 如果你能够选择你生命中的 5 年重新来过，你会选择哪 5 年？

◆ 如果你能改变你过去的一件事，你会选哪件事？

◆ 目前你人生中最激动人心的事情是什么？

◆ 如果你能够瞬间掌握三项新技能，你会选哪三项技能？

◆ 关于未来，你最担心什么？

◆ 你现在最看重你朋友身上的哪些品质？

◆ 如果你能够选择历史上任何其他的时代去生活，你会选择什么时代？为什么？

◆ 如果你能够选择一个不同的职业，你会选择什么职业？为什么？

◆ 对于你自己的性格，你最想改变的一点是什么？为什么？

- 你有没有觉得你的生活中缺少一些东西？如果有的话，缺少什么？

- 在过去的一年中，你有没有觉得自己有所改变？如果有的话，是什么样的改变？

大家也可以根据自己的情况来设计这两张清单的内容。

你们可以在某一天双方忙完各自的事情后，拿出平时用来玩手机的时间，躺在床上，以这些问题为引子，一起享受亲密时光。

这里要强调的是，这两张清单是更新爱情地图用的，而不是引战用的。可不要因为对方回答不出来某个问题，你就摆出一副"你怎么连这个都不知道，你不爱我"的样子。

记住这个基本原则：我们的目的不是分清谁对谁错，而是共同努力维护这份弥足珍贵的关系。

投资情感账户，变成爱的"千万富豪"

这一节我们来聊一聊保持亲密的第二个关键词：回应。

先讲一个现实中情侣的故事，姑且称故事中的女生为草莓。

草莓和谈了 3 年恋爱的男友提出了分手，而且态度很坚决。这个分手决定不仅让男生措手不及，也让身边的人都不理解，因为他们的关系看起来一直很稳定，都走到谈婚论嫁这一步了。

导致这次分手的事情，看起来也没什么大不了的：草莓第二次提出周末想回到让两个人相识和相爱的校园看看，男友又一次以"觉得累"为理由，拒绝了这个邀请。

其实在两人关系进入稳定期后，男生就一直选择性地忽略草莓情绪上大大小小的需求。这次草莓直接被拒绝，可以说是压垮两个人关系的最后一根稻草。

被分手的男生还很委屈，他觉得自己平时的确是过得糙了一些，不像草莓那样感情丰富，所以工作一忙起来就懒得照顾她的一些小情绪。但是他觉得，自己绝对是一个好男人，如果生活中有什么大事或者两人遇到什么危险，他一定会保护草莓。

草莓听到这里，冷笑一声说："生活里哪有那么多大事呢？在小事上都体会不到被珍视，谈大事不过是空头支票式的自我感动罢了。"

草莓说得没错。

事实上，长期关系里的浪漫，就是源于日常生活中的一个个细节，即我们愿意去理睬对方的哪怕很小的现实需要或者情绪需求。

别人看不到的我看得到，你再小的事情在我这里都很重要。有了这种特殊性和亲密感，我们才能在每个踏踏实实的瞬间感受到对方对自己的珍视。

情感账户的定义

在爱情中，我们把这种由回应创造的亲密连接形象化，就有了一个有趣的比喻：情感账户。

我们在银行存钱，都会有个账户。账户的金额越存越多，我们对财务状况的安全感就越来越强，哪怕适当花一些钱也并不会影响安全感。但如果出了意外，我们消耗了大笔存款，或因为失业不再能拿出资金存入账户，生活就会面临很大的风险。

亲密关系中也有类似的情感收支，戈特曼博士称之为"情感账户"。

情感账户和现金账户一样，如果里面"资金充足"，那么两个人偶尔吵架，消耗一点资产也没有什么实质性影响。反之，如果"资金本来就捉襟见肘"，那么关系随时会因为一点压力和冲突濒临"破产"。

这个情感账户储存的就是我们对对方的回应。回应包括两方面：回应对方的需求和回应对方的付出。

简单来说，就是对方有什么需要，我都能及时关注到并给予配合和支持；对方为我做了什么，我都能看到并及时肯定。

偶像剧给了我们一些错觉：浪漫的爱情需要有跌宕起伏的情节，例如男女主角经历生离死别。但是，现实中的长期关系是相对稳定的、可控的，没有那么多英雄救美和生离死别的场景。也正是因为现实生活常常波澜不惊，所以很多情侣也就自然而然地进入了懈怠、漠视彼此的相处状态。

如果长期处于这种状态，关系一定会因为年久失修而破裂。保持对对方的及时回应，是长期关系中最大的浪漫。

戈特曼教授建议，在日常生活中，每一次你的伴侣对你积极回应，无论事情大小，你都要在情感账户中为对方"存入一笔钱"。

情感账户如何存钱

看到这里，你可能会想：如果我平时不太注意细节，我的情感账户可能"资金不充足"，那我应该怎么补救呢？可以一次性存进去一大笔钱吗？比如计划一次特别有仪式感的烛光晚餐，或者休假时去海边享受二人世界。

这样的浪漫大事是不是可以一下子往情感账户中存入很多钱呢？我们来看两个故事。

红豆和男友在一起两年了，因为两个人工作都忙，加上激情退去，她觉得两人的感情越来越淡漠。红豆认为有必要让两人的关系升升温。于是，她托了关系，订到了最近很火的一家网红餐厅。她还穿上了一套和平时风格不一样的衣服，想给男友惊喜，最后却以失望收尾——因为在香槟和红酒烘托的氛围中，两人反而显得更局促和陌生了，吃饭过程中更多的是尴尬聊天和话不投机。回到家后，红豆很失望，认为自己的用心对方根本没有看到。

那么，是不是这些代表浪漫的有仪式感的活动毫无用处呢？我们再来看另一个故事。

橙子结婚 7 年了，她的老公特别爱研究美食，每次老公研究各地美食的时候，橙子都会凑过去和老公一起讨论各种菜系，然后两个人嘻嘻哈哈地说有钱了要吃遍全世界。周末只要有空，橙子就会和老公一起研发一道新菜。

有一次为了庆祝结婚纪念日，他们提前一个月订了一家平时讨论了很多次但舍不得去消费的米其林餐厅，两人好好地浪漫了一把。在吃饭过程中，橙子和老公从讨论今晚的菜品，聊到第一次约会时去的大排档，回忆起相处过程中的点点滴滴，两人都打心底觉得满足。

从这两个故事中，我们可以看到，仪式感能给关系锦上添花，却不能雪中送炭。

同样是给日常生活增添仪式感，是否能给情感账户存钱，主要还是取决于双方在平日的相处中，是不是保持了对伴侣的高质量回应。

戈特曼博士花了6年时间，跟踪研究了数百对情侣的日常相处。结果发现，幸福的情侣有86%的时间会敏锐觉察到伴侣的各种直接的或隐藏的需求，并及时给予回应，比如响应对方当时的情绪、配合对方想做的事情。而不幸福的甚至以分手或离婚收场的情侣，却很少能做到这样。

同时，幸福的情侣还善于看到和回应彼此的付出，不幸福的情侣却经常忽视彼此为维护关系而做出的努力。

经营关系的功夫在平时。相比去海岛度假这样的仪式感，更重要的是，在平时的生活中抽出高质量的相处时间，把所有的注意力都奉献给对方。

那么在生活中具体怎样才能做到保持高质量的回应呢？

分两步走。

第一步，我们要有意识地让自己在日常生活中多留意对方释放出的需求信号，并且主动关注、配合、回应对方。

举几个生活中的细枝末节作为例子。

男生晚上看球赛兴奋地大叫，女生切一盘水果坐到男生身边和他一起看球，一起激动地为他喜欢的球队吼几嗓子，让男生觉得自己喜欢的事情有人参与，自己兴奋的情绪有人分享。

女生在网上买了新衣服，开心地在试衣镜前试穿。这时候她多需要一个人来夸她好看啊，男生看到后，马上凑过去表现出惊喜并真诚地夸赞。

两个人靠在一起看书，一方看到一句特别戳中自己的话，就马上大声读出来给对方听。

在长期关系的点点滴滴中，帮对方一起完成某件他想完成的事情，参与对方喜欢的活动，融入对方此时此刻的情绪。这些对小事的回应，才是在长期关系里留住爱情的关键。

第二步，努力发现对方对自己的关注和支持，并学会把感谢表达出来。

除了回应对方的需求，回应对方的付出也一样重要。对方每一次满足了我们的需求，我们都要尽量看到并且表示感谢。这个感谢别藏在心里，一定要用语言和行动表达出来。

在这种双向的正反馈的激励下，我们更愿意在未来的事情上相互关注配合、相互支持，由此形成正向循环，源源不断地给关系带来奖赏。那么，成为情感账户上的"亿万富翁"也就指日可待了。

最后和大家分享一下我的生活。

我和我先生在一起10多年了，我们一直保持着一个习惯，那就是除非对方有要事在忙，否则做什么事情我们都会选择手牵手一起去做，哪怕是去便利店买个牙膏、去快递站退个快递。

虽然这些小事一个人完成也绰绰有余，但生活的目的岂是完成一个个任务呢？在忙碌生活的间隙中，我们喜欢忙里偷闲，逮着机会就一起做一件件小事，全神贯注地享受和对方一起经历的每个当下。

我们会邀请对方参与，或者主动要求参与，把这些平平无奇的小事变成两个人亲密连接的时光。

这样的习惯，让我们感情的甜蜜不输恋爱之初，亲密和默契更是越来越深。

在关系初期激情的作用下，两个人自然而然地想黏在一起不分开。而在长期关系中，这种共同参与和相互回应，更是一种有意识的经营和长期的习惯。

一段感情能不能持续美好，是由你们当下的一个个互动瞬间所决定的。

你可能会问：这样做是不是太黏人了？不是说太黏人不好吗？现代人，尤其是女孩，不是应该保持独立性吗？

如果你这么问，那就说明你可能误解了独立的意思。

很多人喜欢刻意去制造阻碍，让对方没那么容易靠近自己；或者刻意向对方展示自己需要很多空间，让对方觉得他对自己没那么重要。

这些人中，很大一部分人并不是独立，而是害怕暴露需求感，害怕因此在感情里处于被动地位。这种心态其实和过分需要对方一样，都是不自由、不和谐的，和真正拿得起、放得下的独立精神是背道而驰的。

独立是精神上的独立，看问题有自己的判断和立场，处理事情有自己的边界和底线，而不是行为上刻意去割裂自己和所爱之人的连接。

能够坦然笃定地接纳爱、给予爱，主动连接，主动放弃，才能真正拥有独立精神下的自由。